KB267775

프랑스는 왜 많은 빚을 지게 되었을까?

프랑스는 왜 많은 빚을 지게 되었을까?

유세종 · 황준식 지음

글라이더

위기는 끝나도 부채는 남는다

프랑스의 부채 시계는 지금도 돌아가고 있습니다. 초당 5,000유로, 우리 돈으로 약 750만 원씩 늘어납니다. 이 숫자, 꽤 큰데요. 그런데 이상하지 않나요? 사람들은 이제 별로 놀라지 않습니다. 왜일까요? 프랑스에서는 적자가 더 이상 '큰일'이 아니라 그저 매일 반복되는 일상이 되었기 때문입니다.

IMF가 매년 내놓는《Fiscal Monitor 2025》를 보면 상황이 더 분명해집니다. 프랑스의 국가부채는 나라에서 한 해 동안 버는 돈, 그러니까 GDP의 110%를 넘었습니다. 이자만으로도 세금으로 걷

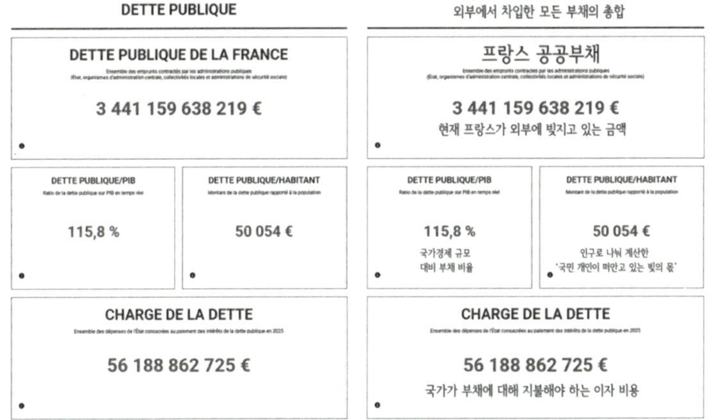

프랑스 부채 현황을 실시간으로 보여주는 "부채 상황판(dashboard)"

는 돈의 3.7%를 써야 합니다. 그런데 여기서 중요한 질문이 하나 생깁니다.

"프랑스는 돈이 없어서 이렇게 된 걸까?"

꼭 그렇지는 않습니다. 이건 가난해서 생긴 위기가 아닙니다. 사회가 불편한 결정을 미루고, 지금의 편안함을 지키기 위해 희생을 뒤로 미뤄 온 결과에 가깝습니다. 위기는 폭풍처럼 지나갑니다. 하지만 적자는 공기처럼, 늘 우리 곁에 남습니다.

경제의 체력은 어디에서 드러날까요? 바로 재정입니다. 복싱으로 비유해 보면 이해가 쉽습니다. 1라운드 때 날아오는 잽 몇 대는 버틸 수 있습니다. 그런데 10라운드까지 같은 잽이 계속 날아온다면 어떨까요? 문제는 주먹의 세기가 아니라 체력입니다.

프랑스의 재정 위기도 마찬가지입니다. 돈이 없어서라기보다, 고통을 받아들이고 견뎌 낼 수용성, 다시 말해 사회의 체력이 약해진 것이 문제였습니다. 그래서 프랑스의 부채는 단순한 숫자가 아니라, 그동안 어떤 선택을 해 왔는지를 보여 주는 기록입니다. 한 국가의 균형이 얼마나 쉽게 무너질 수 있는지도 함께 말해주고 있습니다.

프랑스 정부는 크고, 또 섬세합니다. 의료, 교육, 교통, 연금까지 국가의 손길이 닿지 않는 곳이 거의 없습니다. 시민들은 자연스럽게 '복지를 제공하는 국가'를 떠올립니다. 그런데 그 이면에 있는 국가 부채는 어떨까요? 솔직히 말해, 크게 신경 쓰지 않는 경우가 많습니다. 줄이려는 노력도 잘 보이지 않습니다. 복지 지출은 계속 늘어났습니다. 문제는 그 돈을 어디에서 마련했느냐입니다. 상당 부분이 미래의 세금, 즉 부채였습니다.

사회보장기금, 지방정부, 공기업의 빚이 서로 얽히면서 예산의 흐름은 점점 복잡해졌습니다. 가계부로 바꿔 생각해 보면, 카드값·할부·대출이 여기저기 흩어져 있어 한눈에 얼마나 빚이 있는지 알기 어려운 상태와 비슷합니다. 오늘날 프랑스의 예산서는 숫자보다 문법이 더 복잡한 글이 되었습니다. 그 결과 시민들은 더 이상 국가의 예산을 쉽게 읽지 못하게 되었습니

바롱 루이(1783~1847)

다. 사실 프랑스의 예산이 처음부터 이렇게 불투명했던 건 아닙니다. 1814년, 당시 재무장관이었던 바롱 루이(Baron Louis, Joseph-Dominique Louis, 1783~1847)는 이렇게 말했습니다.

"예산은 단순한 회계가 아니라, 국민의 신뢰를 보증하는 계약입니다."

그래서 그는 정부 지출을 법률로 통제하는 제도를 도입했고, 2년 뒤에는 '국가예금공사'가 만들어지면서 공공 자금을 투명하게 관리하는 장치도 갖추어졌습니다. 하지만 그로부터 200년이 지난 지금은 어떨까요?

프랑스의 예산은 다시 불투명해졌고, 재정의 건강함도 약해졌

습니다. 복잡한 행정 구조 속에서 예산의 투명성은 점점 사라졌습니다. 한때 신뢰의 언어였던 국가 예산은, 이제 정치의 도구로 더 자주 사용되고 있습니다.

신뢰가 무너질 때, 재정은 흔들린다

신뢰가 무너지면, 재정은 어떻게 될까요? 흔들립니다. 아주 크게요. 프랑스 역사에는 이걸 잘 보여주는 장면이 하나 있습니다. 1790년, 프랑스 혁명정부는 '아시나(assignat)'라는 종이 화폐를 찍어 냈습니다. 교회 토지를 담보로 만든 돈이었고, 당시 사람들에게는 자유와 혁명의 상징처럼 보였습니다. "이제 새로운 나라가 시작되는구나" 하고 환호한 겁니다. 그런데 결과는 어땠을까요? 불과 몇 년 만에 아시나는 아무 쓸모없는 종잇조각이 되고 말았습니다.

왜 이런 일이 벌어졌을까요? 돈을 너무 많이 찍어 냈기 때문입니다. 그 결과 물가는 폭등했고, 사람들은 정부의 약속을 더 이상 믿지 않게 되었습니다. 화폐에 대한 신뢰가 무너지자, 혁명정부도 함께 무너졌습니다. 여기서 중요한 포인트는 화폐의 위기는 곧 신뢰의 위기라는 점입니다. 신뢰는 말이 아닌, 일관된 제도 속에서만 회복됩니다. 경제학자 토머스 사전트와 프랑수아 벨데는 이렇게 말했습니다.

"화폐의 가치는 금속이 아니라 약속에서 나온다."

약속이 깨지는 순간, 국가는 아무리 많은 돈을 찍어도 신뢰를 살 수 없다는 뜻입니다. 작은 문제를 관리하지 못하면, 결국 큰 붕괴로 이어진다는 이야기이기도 합니다. 약속의 끈을 놓는 순간, 경제의 균형도 함께 무너집니다.

프랑스에서 또 하나 눈여겨볼 점은 특권의 끈질긴 생명력입니다. 혁명으로 '귀족'이라는 신분은 사라졌습니다. 그런데 정말로 특권까지 사라졌을까요? 꼭 그렇지는 않았습니다. 과거 귀족들이 토지를 빌려 주고 받던 지대, 쉽게 말해 땅을 빌린 대가로 내는 돈은 이제 관료의 안정적인 급여로 바뀌었습니다. 가문을 통해 물려받던 권리는, 한 번 정해지면 줄일 수 없는 복지 혜택이라는 형태로 남았습니다. 다시 말해, 프랑스의 귀족은 완전히 몰락한 게 아니라 모습만 바뀌 살아남은 셈입니다.

문제는 여기서 끝나지 않습니다. 이 새로운 기득권층이 다시 한 번 개혁을 가로막고 있다는 점입니다. 오늘날 복지는 어떤 의미일까요? 평등을 상징하는 제도입니다. 하지만 국가 재정의 관점에서 보면, 복지는 한 번 정해지면 줄일 수 없는 '성역'에 가깝습니다.

누군가의 혜택을 줄이겠다는 말은 곧바로 반발을 부르고, 정치적으로는 거의 '자살'에 가까운 선택이 됩니다. 이 문제에 대해 사회는 어떻게 반응했을까요? 변화를 미뤘습니다. 하지만 변화를 거부하는 사회는 결국 더 큰 비용을 치르게 됩니다. 프랑스의 막대한 부채는 바로 그 대가라고 볼 수 있습니다. 정체된 사회가 미래에 떠넘긴 청구서인 셈입니다.

국가 예산은 중립적인 숫자 묶음이 아닙니다. 관료와 정치인이 내려 온 수많은 선택의 결과입니다. 세금을 올릴지, 복지를 줄일지, 아니면 둘 다 미룰지를 결정하는 건 언제나 오늘의 선택입니다.

안타깝게도 프랑스는 이 문제를 오랫동안 방치해 왔습니다. 정치인은 인기를 택했고, 국민은 안정을 택했습니다. IMF 보고서는 이자 비용 증가가 교육·복지·안보 지출의 여력을 잠식하고 있다고 경고합니다. 이자 갚느라 정작 아이 학원비나 생활비를 줄여야 하는 상황과 비슷합니다. 따라서 국가 부채는 단순한 숫자가 아닙니다. 그 사회가 무엇을 중요하게 여겨 왔는지, 어떤 선택을 반복해 왔는지를 보여주는 기록입니다. 한국은 미래를 위해 오늘을 절제할 수 있는 사회일까요?

프랑스 재정 위기를 공부해야 하는 이유

발전이란 무엇일까요? 돈을 더 많이 버는 걸까요? 경제학자 아마르티아 센은 그렇게 보지 않았습니다. 그는《자유로서의 발전》에서 이렇게 말했습니다. 발전이란 소득이 늘어나는 게 아니라, 사람들이 선택할 수 있는 자유가 넓어지는 것이라고요.

그렇다면 복지는 어떤 역할을 할까요? 복지는 GDP 같은 추상적인 숫자를, 교육 수준이 좋아지고 건강이 나아지는 눈에 보이는 변화로 이어주는 다리 같은 존재입니다. 다시 말해, 국가의 성장을 사람들의 삶 속으로 내려오게 만드는 수단인 셈입니다. 하지만 여기서 한 가지 중요한 질문이 생깁니다. 모든 자유는 언제나 좋은 걸까요?

자유는 책임과 함께할 때만 오래갑니다. 재정도 마찬가지입니다. 돈을 빌릴 자유에는 반드시 갚아야 할 책임이 따라옵니다. 카드로 사고 싶은 것을 한도까지 마음대로 사는 것은 자유지만 다음 달 카드값은 반드시 갚아야 하는 것과 같습니다. 문제는 빚이 늘어날수록 선택지가 줄어든다는 점입니다. 이자 비용이 커질수록 국가는 쓸 수 있는 돈이 줄고, 결국 하고 싶은 선택을 하지 못하게 됩니다.

재정 문제는 단순한 숫자 문제가 아닙니다. 결국 도덕의 문제로 이어집니다. 경제는 차가운 공식으로 굴러가지 않습니다. 수많은 사람들의 결정이 모여 만들어집니다. 숫자와 그래프 뒤에는 언제나 인간의 욕망과 두려움이 숨어 있습니다. 오늘날 프랑스의 재정 위기가 보여 주는 것도 바로 이것입니다. 국가 부채는 '평등'이라는 이름으로 포장되지만, 그렇게 쌓인 빚은 아주 빠르게 자유를 갉아먹습니다.

그렇다면 이 이야기는 프랑스만의 문제일까요? 안타깝게도 한국도 지금, 프랑스가 걸어온 길 위에 서 있습니다. 복지는 빠르게 늘고 있고, 인구는 줄어들고 있으며, 정치는 점점 양극화되고 있습니다. 프랑스의 국가 부채는 변화를 두려워한 복지국가의 미래가 어떤 모습일 수 있는지를 미리 보여 줍니다. 프랑스의 재정 위기는 한국에게 반면교사가 될 수 있습니다. 프랑스는 200년이 넘는 시간 동안 같은 질문을 붙잡고 있었습니다.

"우리는 복지를 어디까지 감당할 수 있는가?"

하지만 아직도 뚜렷한 답을 찾지 못했습니다. 그래서 프랑스의 실험은 우리에게 다시 묻습니다. 개혁의 정치적 대가가 두렵다고 멈출 것인가, 아니면 위험을 감수하고 신뢰를 회복할 것인가.

분명한 사실은 아무것도 선택하지 않는 사회는 결국 시한폭탄을 떠안게 된다는 점입니다.

차례

3부. 정치의 포퓰리즘 – 표를 위한 재정

6장. 선거와 재정의 붕괴

7장. 좌우의 실종 – 표심의 경제학

4부. 산업의 쇠락과 공공의 비대화

8장. 잃어버린 경쟁력 – 제조업의 몰락

6부. 한국에 보내는 경고 – 조용한 프랑스화

12장. 압축 성장, 그리고 압축 복지 – 한국의 숨 가쁜 추격기

13장. 복지의 확장과 부채의 덫

1부

·

빛의 탄생

부의 약속에서
채무의 굴레로

1장.
루이 14세의 그림자와
재정국가의 탄생

루이 14세와 콜베르의 국가

프랑스의 재정은 언제부터 시작된 걸까요? 혁명 이후에 갑자기 생긴 걸까요? 많은 사람이 그렇게 생각하지만, 꼭 그렇지는 않습니다. 프랑스 재정의 뿌리는 훨씬 더 오래전, 17세기 절대왕정 시절로 거슬러 올라갑니다. 그 중심에는 루이 14세와 그의 재무장관 콜베르가 있었습니다. 이 시기를 한 문장으로 정리하면 이렇게 말할 수 있습니다.

"재정의 근대화는 단절이 아니라, 절대왕정의 기술이 민주주의의 언어로 바뀐 것이다."

루이 14세(1638~1715)

조금 어려워 보이지만, 뜻은 간단합니다. 왕이 쓰던 돈 관리 방식이 형태를 바꿔 오늘날까지 이어졌다는 이야기입니다. 루이 14세는 이런 말을 남겼습니다.

"국가란 곧 나다."

이 말, 굉장히 오만하게 들릴 수도 있겠죠? 그런데 당시 상황을 생각해 보면 꼭 허세만은 아니었습니다. 왕의 말이 곧 법이었고, 국가의 돈이 곧 왕의 돈이었기 때문입니다. 이 체제를 실제로 굴러 가게 만든 사람이 바로 콜베르였습니다. 콜베르는 왕의 충실한 신하이면서도, 왕국을 하나의 거대한 회사처럼 운영하려 했던 사람입니다. 그는 세금을 국가를 움직이는 연료로 보았습니다. 연료가 없으면 기계가 멈추듯, 세금이 없으면 국가도 돌아갈 수 없다고 본 셈입니다.

당시는 전쟁의 시대였습니다. 스페인, 네덜란드, 잉글랜드가 서로 패권을 다투며 끊임없이 싸우던 시기였습니다. 전쟁을 치르려면 군대, 무기, 보급에 막대한 돈이 들어갑니다. 궁정 유지 비용도 만만치 않았습니다. 그래서 콜베르는 재정을 안정시키기 위해 새로운 방식을 도입했습니다. 바로 중앙집권적 세금 체계입니다. 지방마다 제각각이던 세금 이름과 세율을 하나로 통일하고, 모든 세금을 왕이 직접 관리하도록 한 제도입니다. 가족마다 따로 관리하던 돈을 모두 모아 한 사람이 총괄 관리하는 방식으로 바꾼 셈입니다.

콜베르는 중상주의를 믿었습니다. 중상주의란, 무역에서 이익을 내고 금과 은을 많이 모아야 나라가 강해진다는 생각입니다. 그래서 그는 수출은 늘리고, 수입은 줄이려 했습니다. 외국 물건에는 높은 세금을 매기고, 국내 산업에는 직접 지원을 했습니다. 직물, 유리, 조선 같은 산업이 대표적이었습니다. 오늘날 말로 하면 '보호주의 산업 정책'이고, 더 익숙한 표현으로는 트럼프의 "미국을 다시

위대하게(MAGA, Make America Great Again)” 만들자는 구호의 원형이라고 볼 수 있습니다. 하지만 이런 화려한 정책에는 그림자도 있었습니다. 전쟁이 반복되면서 국가의 돈은 빠르게 바닥났습니다. 지출이 너무 컸던 겁니다. 콜베르는 왕의 권력과 국가의 체면을 지키기 위해 새로운 선택을 해야 했습니다.

그가 선택한 방법은 무엇이었을까요? 세금을 더 걷는 것만으로는 부족했습니다. 그는 왕의 신용을 이용했습니다. 쉽게 말해, “지금 돈을 빌리고, 나중에 세금으로 갚겠다”고 약속하며 돈을 끌어다 쓴 겁니다. 당장 생활비가 부족해서 카드나 대출을 쓰고, 다음 날 월급으로 갚겠다고 생각하는 것과 비슷합니다. 이 선택은 국가가 빚을 지는 제도, 즉 국가 부채의 시작이었습니다. 프랑스 재정의 오래된 습관은 이렇게, 절대왕정 시절부터 만들어지고 있었습니다.

부채의 발명

콜베르는 왜 ‘국가 부채의 발명가’라고 불릴까요? 그가 만든 재정 모델을 한 문장으로 정리하면, 지금의 평온을 위해, 미래의 세금을 담보로 돈을 미리 빌려 쓰는 방식이었습니다.

당시 상황을 보면 이해가 됩니다. 전쟁이 끝나기도 전에 다음 전쟁이 시작됐고, 세금이 모이기도 전에 더 큰 빚이 쌓였습니다. 지금 왕이 돈을 빌리면, 그 빚은 다음 세대가 갚는 구조였습니다. 마치 부모 세대가 대출을 잔뜩 받아 쓰고, 자녀 세대가 그 원리금을 갚아야 하는 상황과 비슷한 셈입니다.

그런데 여기서 중요한 문제가 하나 있습니다. 이 신용의 주체가 국가가 아니라 왕 개인이었다는 점입니다. 왕이 돈을 빌리면 채권자들은 이렇게 생각했습니다.

"루이 14세가 직접 약속했으니 믿을 수 있겠지."

하지만 왕이 파산하면 어떻게 될까요? 채권자는 한 푼도 돌려받지 못했습니다. 실제로 프랑스는 17~18세기에 여러 차례 국가 파산을 겪었습니다.

그럼에도 콜베르는 이 부채 중심의 체계를 포기하지 않았습니다. 오히려 그는 "부채는 국가가 신뢰를 얻고 있다는 증거다."라고 생각했어요. 오늘날 우리가 국채, 즉 정부가 발행하는 빚을 신용의 지표로 보는 사고방식은 바로 이때 만들어진 셈입니다. 하지만 이 부채는 결국 부메랑이 되었습니다. 처음에는 신뢰의 표시였지만, 시간이 갈수록 프랑스 국민의 미래까지 저당 잡힌 삶을 만들었습니다.

루이 14세의 화려한 궁전, 베르사유는 세금으로 지어진 예술 작품이었습니다. 그런데 이 세금은 누가 냈을까요? 놀랍게도 귀족이 아니라 평민이었습니다. 귀족과 성직자는 대부분 세금을 면제받았고, 부담은 고스란히 평민에게 돌아갔습니다. 이 시기의 세금은 단순한 의무가 아니었습니다. 신분을 증명하는 표식에 가까웠습니다.

세금을 내지 않아도 되는 건 귀족의 특권이었고, 평민은 세금을 내야만 왕국의 일원으로 인정받을 수 있었습니다. 겉으로 보면 루이 14세의 재정 국가는 완벽해 보였습니다. 세금은 체계적으로 걷혔고, 부채는 국가의 신용으로 관리되었습니다. 베르사유 궁전은 프랑스의 위엄을 보여주는 상징이었습니다. 하지만 그 대리석 바닥 아래에는 국민이 피와 땀으로 낸 세금이 있었어요. 콜베르가 설계한 이 구조는 시간이 갈수록 불평등을 강화하는 도구로 변해 갔습니다. 세금은 왕권을 지키는 수단이자, 귀족의 특권을 보호하는 장치로 작동했습니다.

프랑스의 세금 체계는 처음부터 공평하지 않았습니다. 18세기 후반, 주요 세금은 크게 세 가지였습니다. 첫째는 탈르입니다. 쉽게 말해 평민만 내는 인두세였습니다. 귀족과 성직자는 면제였고, 농민만 부담했습니다. 둘째는 가블, 즉 소금세입니다. 소금은 생활

서민의 삶과 베르사유 궁전

에 꼭 필요한 물건이었지만 지역마다 세율이 달라 밀매가 성행했습니다. 셋째는 티트, 교회세였습니다. 농민은 수확의 10분의 1을 교회에 바쳐야 했습니다. 문제는 이 세금들이 모두를 위한 공공재가 아니라, 일부 계층의 특권을 유지하는 비용으로 쓰였다는 점입니다.

귀족과 성직자는 군사나 행정의 의무를 이유로 대부분 면세 혜택을 받았고, 그 대신 평민이 모든 부담을 떠안았습니다. 신분이 낮을수록 세금을 더 많이 내는, 아주 아이러니한 사회였던 셈입니다. 경제학자 로저 프라이스는 이렇게 말했습니다. 프랑스의 세금은 정의가 아니라 권력의 구조로 만들어졌다고요. 누가 세금을 내지 않느냐가 곧 사회의 서열을 결정했습니다. 세금은 공평한 분담의 약속이 아니라, 권력이 약자에게 구사하는 지배의 언어였습니다. 왕은 세금을 통해 권력을 행사했고, 귀족은 면세를 통해 지위를 지켰습니다. 그 사이에서 평민은 인내와 고통을 강요받았습니다. 왕의 신용, 즉 미래의 세금으로 빚을 갚겠다는 약속은 겉보기엔 근대적인 제도처럼 보였지만 실제로는 국민의 인내를 담보로 한 약속이었습니다. 전쟁이 길어지고 궁정 유지비가 늘어날수록 왕은 더 많은 돈을 빌렸습니다. 그가 약속한 '미래의 세금'은 결국 평민의 노동에서 나왔습니다. 부채는 왕의 이름으로 쌓였지만, 그 부담은 다음 세대 국민에게 넘어갔습니다. 이 구조는 루이 14세 이후에도 그대로 이어졌습니다. 루이 15세는 사치와 전쟁으로 부채를 크게 늘렸고, 루이 16세는 미국 독립전쟁을 지원하면서 빚을 폭발적으로 키웠습니다.

부채가 감당할 수 없는 수준에 이르자 루이 16세는 세제 개혁을 시도했습니다. 재무장관 튀르고와 네케르는 모든 신분이 평등하게 세금을 내야 한다고 주장했고, 왕실 지출을 공개하자고 요구했지만 귀족들은 즉각 반발했습니다. 세금 개혁은 왕의 권한을 넘어, 귀족의 명예를 침해하는 일이라고 주장한 겁니다. 결과는 어떻게 되었을까요?

　개혁은 좌절됐고, 국민의 고통은 더 커졌습니다. 왕은 여전히 채권자에게 신용을 얻었지만, 국민은 그 빚을 세금이라는 이름의 무거운 짐으로 대신 짊어져야 했습니다.

특권의 세습 - 세금 없는 귀족, 세금 내는 국민

프랑스의 귀족 사회는 어떤 모습이었을까요? 한마디로 말하면, 아주 닫혀 있는 사회였습니다. 귀족의 지위는 대대로 물려받았고, 세금을 내지 않아도 되는 권리도 함께 따라왔습니다. 귀족들은 행정과 군사 자리를 독점하면서 '국가에 봉사한다'는 명분으로 세금은 내지 않고 부를 쌓았습니다.

　귀족이 세금을 안 내면 국가는 돈을 어디서 마련했을까요? 답은 간단합니다. 빚을 냈습니다. 세금이 제대로 걷히지 않으니, 국가는 늘 돈이 부족했습니다. 그러면 왕은 누구에게 손을 벌렸을까요? 귀족과 금융가였습니다. 이 과정에서 등장한 사람들이 바로 세금 징수 청부업자입니다. 말이 좀 어렵죠? 쉽게 말해, 정부 대신 세금을 걷어 주는 대신 그 권리를 돈을 주고 사는 사람들입니다.

국가는 이들에게 세금 징수권을 넘기고, 그 대가로 당장 필요한 돈을 손에 넣었습니다. 겉으로 보면 괜찮은 거래처럼 보일 수도 있습니다. 하지만 실제로는 어땠을까요? 예를 들어 왕이 이렇게 말했다고 해봅시다.

"올해 세금으로 100만 리브르를 내라."

세금 징수 청부업자들은 실제로는 150만 리브르를 걷었습니다. 그리고 100만 리브르는 왕에게 주고, 남은 50만 리브르는 자기 몫으로 챙겼습니다. 집주인이 월세를 대신 걷어주는 사람에게 맡겼는데, 그 사람이 실제 월세보다 훨씬 많이 받아서 자기 주머니에 넣는 것과 비슷한 셈입니다.

국가는 당장 돈을 얻었지만, 국민은 더 큰 고통을 떠안아야 했습니다. 이 제도는 단기적으로는 왕실 재정을 살렸지만, 장기적으로 보면 국가가 거둬야 할 세금이 사적인 이익으로 빠져나가는 구조가 만들어졌습니다. 공공의 수입이 개인의 주머니로 흘러간 셈입니다.

경제학자 쇼시냥-노가레는 이 제도를 이렇게 설명했습니다. 세금 징수 청부업자 제도는 왕이 재정을 장악하는 방법이었지만, 동시에 귀족이 다시 권력을 되찾는 통로이기도 했다는 것입니다. 돈이 왕의 금고에 들어가기 전에 이미 귀족의 주머니로 들어가 있

농민을 짓누르는 조세 체계

었다는 말입니다.

국가는 더 이상 세금의 주인이 아니었습니다. 오히려 민간 금융가들의 고객이 되어 갔습니다. 세금 징수 청부업자들은 막대한 부를 쌓아 파리의 금융 귀족으로 성장했고, 국가의 채권을 사고팔며 새로운 질서를 만들어 냈습니다. 바로 국채 시장입니다. 쉽게 말해, 나라의 빚이 사고파는 대상이 된 것입니다. 그렇다면 결국 콜베르의 재정 시스템은 어떤 구조였을까요? 국가가 자본의 손에 맡겨진 구조였습니다. 국민의 피와 땀, 눈물을 담보로 왕이 돈을 빌리고, 그 대가를 다시 금융가의 이익으로 돌려주는 악순환이 만들어졌습니다.

겉으로 보면 절대왕정은 모든 권력이 왕에게 모인 중앙집권 국가처럼 보입니다. 하지만 실제로는 이미 자본이 국가를 움직이는 단계, 다시 말해 자본주의의 문턱을 넘고 있었던 셈입니다.

신용의 제도화 - 왕권에서 공화국으로

루이 14세와 콜베르가 만든 재정 시스템은 얼마나 오래 영향을 미쳤을까요? 놀랍게도, 이후 수십 년 동안 프랑스 재정을 그대로 지배했습니다. 왕의 신용은 곧 국가의 신용이었고, 그 국가의 신용은 결국 국민의 세금으로 유지되는 구조였습니다. 1770~1780년대의 프랑스는 개혁과 저항이 정면으로 충돌한 시대였습니다. 루이 16세는 재정 파탄을 막기 위해 한 가지 중요한 시도를 합니다. 모든 신분이 공평하게 세금을 내는 보편세를 도입하려 한 것입니다. 말이 어려워 보이지만 뜻은 단순합니다. "귀족이든 평민이든, 똑같이 세금을 내자"는 제안이었습니다. 그런데 이 개혁, 쉽게 넘어갔을까요? 그렇지 않았습니다.

귀족이 장악한 고등법원은 이 안을 단호하게 거부했습니다. 귀족들은 이렇게 말했습니다.

"국민의 동의 없이 왕은 세금을 부과할 수 없다."

겉으로 보면 왕권을 견제하는 정의로운 주장처럼 들릴 수도 있지만 정작 이들은 어떤 세금도 내지 않았습니다. 공평함을 말하면서 책임은 지지 않았던 셈입니다. 귀족의 벽을 넘지 못한 루이 16세는 국민의 대표를 부르기로 합니다. 1789년 5월, 삼부회가 소집됩니다. 성직자, 귀족, 평민이 한자리에 모이는 회의였습니다. 하지만 많은 평민들은 이 장면을 보고 이렇게 느꼈습니다.

"우리의 대표가 모인 게 아니라, 우리의 주인만 모였다."

이 분노는 곧바로 프랑스 혁명의 불씨가 되었습니다. 세금의 불평등이 정치 혁명으로 이어진 순간이었습니다. 세금이 곧 신분의 증거였던 사회는, 공정하지 않은 세금에 대한 불안 속에서 무너진 셈입니다. 왕의 신용은 사라졌고, 그 자리에 국민의 분노가 남았습니다.

당시 농민들의 삶은 어땠을까요? 18세기 후반 프랑스의 농민들은 1년 수확의 절반 이상을 세금과 빚을 갚는 데 써야 했습니다. 1년 내내 벌어도 절반 이상이 대출 상환과 세금으로 빠져나가는 상황과 비슷합니다. 겨울이 되면 빵값은 치솟았고, 기근은 반복되었습니다.

단두대에 오른 루이 16세

　그런데도 귀족의 연회는 줄어들지 않았습니다. 한쪽에서는 "신의 은총"이 이야기되고, 다른 한쪽에서는 "세금 고지서"가 날아들었습니다. 왕의 신용이 무너진 이유는 분명합니다. 더 이상 국가에 대한 신뢰가 남아 있지 않았기 때문입니다. 국민은 "미래에 갚아주겠다"는 약속을 믿지 않게 되었습니다. 루이 16세가 단두대에 올랐을 때, 파리의 군중은 이렇게 외쳤습니다.

　"왕은 죽었다. 이제 왕과 귀족의 특권은 없다."

　하지만 이 말은 절반만 맞았습니다. 왕은 죽었지만, 특권의 구조는 사라지지 않았습니다. 그 구조는 이름을 바꿔 행정으로, 제도로, 그리고 오늘날의 복지 정치, 즉 국가가 세금을 통해 혜택을 나누는 체계로 이어졌습니다.

'아시냐(assignat)'의 붕괴

왕을 몰아낸 1789년의 혁명이후, 국민들은 "이제 완전히 새로운 세상이 열리겠지"라고 믿었습니다. 하지만 현실은 어땠을까요? 권력이 국민의 손으로 넘어왔을 때 남아 있던 건 텅 빈 금고와 막연한 기대뿐이었습니다. 자유의 이름으로 세워진 혁명 정부는 돈이 없었습니다.

왕정이 남긴 빚은 그대로였고, 교회가 지니던 권위는 무너졌습니다. 무엇보다 치명적인 건, 새로운 공화국이 '신뢰'라는 가장 값비싼 자본을 잃은 상태였다는 점입니다. 혁명 정부는 스스로에게 물을 수밖에 없었습니다.

"이제 누가 우리를 믿고 돈을 빌려 줄까?"

이때 혁명 정부의 눈에 들어온 것은 바로 교회의 토지였습니다. 프랑스 국토의 약 10분의 1을 차지하고 있던 교회의 땅은, 당장 문제를 해결해 줄 마법 같은 답처럼 보였습니다. 하지만 땅에는 한 가지 문제가 있었습니다. 바로 현금이 아니라는 점입니다. 땅을 팔

15솔 아시냐 지폐

아 빚을 갚겠다고 선언했지만, 땅이 돈으로 바뀌기까지는 시간이 필요했습니다. 그런데 그 사이에도 빚은 매일같이 불어나고 있었습니다. 혁명 정부에게는 시간이 없었습니다. 이때 프랑스는 어떤 선택을 했을까요?

"그럼 땅을 종이돈으로 바꾸자."

이 선택이 바로 아시냐(assignat) 프로젝트였습니다.

아시냐는 교회 토지를 담보로 발행한 종이 화폐였습니다. 쉽게 말해, "이 종이돈은 교회의 땅만큼의 가치가 있다"고 약속한 셈입니다. 혁명 정부는 "이 돈은 더 이상 왕의 얼굴이 아니라, 정부의 신용 위에 세운 화폐다."라고 강조했습니다. 왕의 초상이 사라지고, 그 자리에 정부의 약속이 새겨졌습니다.

"약속과 신뢰로 나라를 세우겠다."

겉으로 보기엔 아주 이상적인 화폐가 탄생한 것처럼 보였습니다. 처음에는 정말로 모든 게 잘 돌아가는 듯했습니다. 처음 발행된 4억 리브르 가운데 절반은 국가 부채를 갚는 데 쓰였고, 나머지는 시장으로 흘러들어 갔습니다. 사람들은 아시냐를 기꺼이 받아들였고, 상점의 진열대에도 다시 활기가 돌았습니다. 혁명 정부는 잠시나마 이제 재정도 해결할 수 있겠구나라는 착각에 빠졌습니다.

하지만 이런 낙관은 현실에 부딪히는 순간 시험대에 올랐습니다. 왕정이 무너졌다고 해서 필요한 돈이 줄어든 것은 아니었습니다. 세금이 갑자기 많이 걷히지도 않았고, 전쟁이 멈추지도 않았습니다. 세금을 올리는 건 국민의 저항이 컸지만, 화폐를 더 찍는 건 상대적으로 쉬운 선택이었습니다. 아시냐는 계속 늘어났습니다. 이듬해엔 8억, 그다음 해에는 20억으로 불어났습니다. 처음엔 숨통이 트이지만, 곧 물가가 오르고 부담이 커집니다. 아시냐가 늘어나는 속도 만큼 물가도 함께 뛰었습니다. 시간이 갈수록 돈은 넘쳐났고, 아시냐의 가치는 빠르게 떨어졌습니다. 1793년이 되자 상황은 심각해졌습니다. 파리 거리에서 빵 한 덩어리의 가격이 전년의 스무 배를 넘었습니다. 상인들은 아시냐를 받지 않으려 했고, 금화를 요구하기 시작했습니다. 사람들 사이에서는 이런 말이 퍼졌습니다.

"아시냐로는 이제 밀가루도 못 산다."

혁명 정부는 어떻게 대응했을까요? 물가 폭등의 책임을 국민에게 돌리고, 법으로 아시냐 사용을 강제했습니다. 투기꾼과 반혁명 세력을 처형하며 질서를 되찾으려 했습니다. 하지만 피로 신뢰를 회복할 수는 없었습니다. 사람들은 금화를 숨기고, 물물교환을 시작했습니다. 화폐의 가치는 약속과 신용에서 옵니다. 아무리 강한 법을 만들어도, 신뢰까지 강제로 만들 수는 없었습니다. 1795년, 결국 아시냐는 가치 없는 종잇조각으로 전락했습니다. 100리브르짜리 지폐로도 빵 한 덩어리를 살 수 없었습니다. 사람들은 아시냐를 벽난로에 태워 몸을 녹일 정도였습니다.

화폐로서의 생명은 완전히 끝난 셈이었습니다. 혁명 정부는 아시냐를 포기하고 '망다'라는 새 화폐를 내놓았지만, 국민은 더 이상 정부의 약속을 믿지 않았습니다. '망다'는 이름만 바뀐 종이일 뿐이었습니다. 그제서야 혁명 정부는 한 가지 뼈아픈 진실을 마주합니다. 국가 부채는 장부 속 숫자가 아니라, 국민과의 신뢰 그 자체였다는 사실입니다. 이미 무너진 신뢰는, 국가가 가진 어떤 재산으로도 갚을 수 없었습니다. 혁명 정부는 '자유의 재정'을 말했지만, 그 자유는 책임 없는 낙관 위에 세워져 있었습니다. "미래의 토지를 믿어라"는 아시냐의 약속은, 결국 "미래의 부를 지금 써 버려라"는 말과 다르지 않았습니다.

아시냐의 붕괴는 혁명이 낳은 가장 큰 역설이었습니다. 왕을 무너뜨리며 신뢰를 얻고자 했던 혁명 정부는, 왕정과 크게 다르지 않은 모습으로 신용을 잃었습니다. 왕정은 권력의 부패로 무너졌고, 혁명 정부는 지킬 수 없는 약속을 남발한 대가로 무너졌습니다. 역사는 옷만 바꿔 입었을 뿐, 놀라울 만큼 비슷한 얼굴로 다시 나타난 셈입니다. 루이 14세 시대에는 귀족에게 미래의 세금 징수권을 팔았고, 혁명 정부는 국민에게 교회 토지를 담보로 한 약속을 팔았습니다. 형태만 달랐을 뿐, 본질은 크게 다르지 않았습니다. 왕정은 '왕의 약속'에, 혁명 정부는 '정부의 약속'에 의존했습니다. 하지만 약속의 주체가 바뀌었다고 해서 위험이 사라지지는 않았습니다.

아시냐의 몰락은 단순한 경제 실험의 실패가 아닙니다. 그것은 책임 없는 약속이 불러온 재정의 파산이었습니다. 자유를 화폐로 구하려 했던 혁명 정부는, 물가 폭등과 경제 붕괴 앞에서 스스로 무너졌습니다. 혁명 이후 프랑스는 다시 금화 체제로 돌아갔습니다. 사람들은 지폐를 거부했고, 상인들은 금화를 받았습니다. 아시냐 실험은 채 6년도 버티지 못했습니다. 자유를 약속했던 화폐는, 신뢰를 잃는 순간 아무런 가치도 남기지 못했습니다. 역사는 새로운 질문을 던집니다.

"정부의 신용이 사라질 때, 신뢰는 어디에서 오는가?"

왕의 신용이 무너지고, 아시냐가 재가 된 자리에서 사람들은 다른 형태의 약속을 찾기 시작했습니다. 그 답이 바로 금융시장이었습니다. 신뢰가 국가에서 시장으로 이동한 순간, 근대 경제는 비로소 모습을 드러냈습니다.

신뢰의 위기, 그리고 금융시장의 탄생

프랑스 혁명은 권력의 중심은 바꿨지만, 신뢰의 중심까지 바꾸지는 못했습니다. 왕의 신용이 무너지고, 아시냐가 불타던 그날 이후 프랑스 사람들은 한 가지 사실을 깨닫게 됩니다.

"아, 정부도 망할 수 있구나."

국가 부도는 처음엔 공포였습니다. 하지만 동시에 새로운 시대의 출발이기도 했습니다. 혁명 정부는 왕의 권위뿐 아니라 '국가'라는 말에 붙어 있던 신성함까지 함께 무너뜨렸습니다. 그 결과 무엇이 남았을까요? 시장이 남았습니다.

사람들은 더 이상 정부의 지폐를 믿지 않았습니다. 대신 상인의 약속을, 관료의 명령 대신 계약서를 믿기 시작했습니다. 신뢰는 왕에서 정부로, 정부에서 시장으로 이동했습니다. 아시냐의 실패는 단순히 화폐 하나가 망한 사건이 아니었습니다. 신용이라는 사회적 약속이 공공의 영역에서 사적인 영역으로 옮겨 간 순간이었습니다. 정부가 약속을 남용하자, 사람들은 스스로 믿을 수 있는 약속을 찾기 시작했습니다. 그 자리를 대신한 것이 은행의 어음과 개인 간의 계약이었습니다.

국가가 '공적인 신용'을 잃었을 때, 시장은 무엇을 내놓았을까요? 바로 사적인 신뢰라는 새로운 자본이었습니다. 18세기 말, 파리의 상업 지구 생토노레 거리에서는 새로운 종이들이 오가기 시작했습니다. 이 종이에는 왕의 문장도, 국가의 인장도 없었습니다. 대신 상인의 이름, 환전인의 서명, 그리고 이자율이 적혀 있었습니다. 말이 어렵다면 이렇게 생각하면 됩니다. "이 사람을 믿고 돈을 맡겨도 된다"는 개인의 신용 증명서였던 셈입니다. 이 작은 종이가 바로 어음이 되었고, 프랑스 금융시장의 심장이 처음으로 뛰기 시작했습니다.

아이러니하게도 시장은 혁명 정부가 가장 두려워하던 존재였습니다. 시장은 권력이 닿지 않는 곳, 다시 말해 정부의 약속이 아닌 가격이 진실을 말하는 장소였기 때문입니다. 정부가 법으로 화폐의 가치를 정하려 했을 때도, 시장은 여전히 금과 은, 그리고 수요와 공급의 원칙에 따라 움직였습니다.

신뢰가 무너졌을 때 끝까지 남아 있던 것은 결국 교환의 질서였습니다. 신뢰의 위기는 사람들을 냉소적으로 만들었습니다. 사람들은 돈을 쌓아 두기보다, 신용 있는 사람에게 빌려주는 쪽을 택했습니다. 현금을 그냥 들고 있기보다 "저 사람은 믿을 수 있어"라고 판단한 사람에게 돈을 맡기는 것과 비슷합니다. 이제 중요한 건 돈의 액수가 아니라, 약속의 신뢰도였습니다. 이 시기에 등장한 환전상, 즉 은행가는 단순한 중개인이 아니라 신뢰의 대리인이었습니다.

1790년대 후반, 파리의 금융가들은 금화와 은화를 모아 새로운 신용 체계를 만들었습니다. 서로의 어음을 교환하고, 거래의 위험을 나누기 시작했습니다. 이 작은 거래소들이 모여 훗날 파리 증권 거래소로 발전합니다. 이곳은 단순히 돈이 오가는 장소가 아니었습니다. 신뢰를 사고파는 시장이었습니다. 혁명 정부가 약속을 어겼는데도 프랑스가 완전히 무너지지 않은 이유는 시장이 공적 신뢰의 무덤 위에서 새로운 약속을 만들어냈기 때문입니다. 신용은 왕에서 정부로, 다시 시장으로 이동했고, 그 과정에서 금융시장이 탄생했습니다. 혁명은 권력을 분산시켰고, 시장은 신용을 분산시켰습니다. 이때부터 프랑스의 경제는 더 이상 정치의 부속물이 아니게 됩니다.

국가의 예산은 국회의 표결로 정해졌지만, 돈의 흐름은 시장의 심장 박동에 따라 움직이기 시작했습니다. 정부의 금고보다 더 중요한 건 바로 시장의 금리였습니다. 혁명 정부가 국민의 이름으로 돈을 빌렸을 때, 그 채권을 사 준 사람은 상인이었습니다. 국가는 여전히 자유를 말했지만, 그 자유를 유지하기 위해 다시 부채를 필요로 했습니다. 이 모순적인 상황 속에서 프랑스의 새로운 시대가 열렸습니다. 혁명 정부는 자유를 팔았고, 시장은 신뢰를 팔았습니다. 처음엔 충돌하던 두 단어는 곧 서로의 조건이 되었습니다. 자유는 신뢰 없이는 유지되지 않았고, 신뢰는 자유 없이는 생겨나지 않았습니다. 이 미묘한 균형 위에서 근대 자본주의가 태어났습니다.

신뢰가 권력의 손을 떠나는 순간, 시장이 등장합니다. 왕의 신용이 절대적일 때 미약했던 시장은 혁명정부의 신용이 무너지자 급속히 성장했습니다. 결국 신뢰의 위기는 자본주의 경제의 출발점이었습니다. 종교의 시대에 살던 사람들은 이제 시장의 시대에 살게 됩니다.

왕의 약속에는 신이 증인이었지만, 시장에서는 계약서만이 증인으로 남았습니다. 신앙의 언어가 사라진 자리에 수익률의 언어가 들어섰고, 신뢰는 세속화되었습니다. 혁명은 왕과 정부의 신용을 해체했고, 시장은 그 무너진 신용을 다시 조립했습니다. 프랑스 국민은 더 이상 왕과 정부를 믿지 않게 되었고, 시장을 믿기 시작했습니다.

루이 14세와 콜베르의 그림자

프랑스의 행정과 재정은 생각보다 훨씬 오래전, 절대왕정의 관료제에서부터 이어져 왔습니다. 오늘날 프랑스 의회는 예산을 승인할 수는 있습니다. 하지만 그 돈이 제대로 쓰이는지 집행을 감시할 권한은 거의 없습니다. 그럼 누가 지출을 들여다볼까요?

프랑스의 회계감사원, 쿠르 데 꽁트가 그 역할을 합니다. 쉽게 말하면 국가의 가계부를 사후에 검사하는 기관입니다. 문제는 언제 검사하느냐입니다. 돈이 이미 다 쓰인 뒤에야 "이건 잘못됐습니다"라고 말할 수 있는 구조입니다. 월말에 통장 잔고가 바닥난 걸 보고 나서야 "이번 달에 너무 썼네"라고 말하는 것과 비슷한 셈입니다.

왜 이런 구조가 계속 남아 있을까요? 바로 절대왕정의 그림자 때문입니다. 권력의 주인은 바뀌었지만, 통제하는 방식은 크게 달라지지 않았습니다. 왕의 신용이 사라진 대신 제도가 들어섰지만, 그 제도 역시 완전한 투명성을 갖추지는 못했습니다. 왕 대신 정부가 세금을 걷게 되었을 뿐, 복잡한 행정 구조와 얽힌 지출의 흐름은 그대로 남았습니다.

1814년, 바롱 루이라는 인물이 중요한 문제를 제기합니다. 그는 같은 실수를 다시 반복하지 않기 위해서 이렇게 말했습니다.

"예산은 단순한 회계가 아니라, 국민의 신뢰를 보증하는 계약이다."

돈을 쓰는 권력에는 반드시 믿음과 통제가 함께 따라야 한다고 본 겁니다.

그로부터 300년이 지난 지금은 어떨까요? 놀랍게도 프랑스의 재정은 여전히 루이 14세와 콜베르의 그림자 안에 있습니다. 왕의 신용은 사라지고 민주주의의 언어로 바뀌었지만, 그 본질은 크게 달라지지 않았습니다. 국가의 부채는 여전히 책임이 분명하지 않은 약속 위에 쌓여 있습니다. 프랑스는 자유를 얻었습니다. 자유란, 자신의 목소리를 낼 수 있는 권리입니다. 하지만 그 자유에는 항상 책임이 따릅니다. 문제는 프랑스가 이 책임을 종종 잊어왔다는 점입니다. 목소리는 커졌지만, 그 목소리에 따르는 책임은 뒤로 미뤄졌습니다.

공공부채는 언제나 모두의 이름으로 늘어났습니다. 그런데 정작 그 빚을 누가 갚아야 하는지는 점점 모호해졌습니다. 바로 이 지점이 프랑스 재정의 가장 큰 문제였습니다. 19세기 프랑스가 우리에게 보여 준 교훈은 분명합니다. 재정이란 단순한 숫자가 아니라, 국민과 제도 사이의 신뢰 계약이라는 사실입니다. 왕의 신용이 강제로 믿게 만든 약속이었다면, 정부의 신용은 시민이 스스로 지탱해야 하는 약속입니다. 결국 프랑스의 재정 위기는 권력과 신용이 오랫동안 손을 잡아온 결과였고, 한 사회가 책임을 미루며 잘못된 선택을 반복해 온 누적된 결과였습니다.

혁명은 왜 돈을 찍어냈을까?

: 1789~1796년 아시냐 가치 붕괴의 비밀

1789년 프랑스 혁명 정부는 국채를 줄이고 전쟁 자금을 마련해야 하는 상황이었습니다. 돈은 당장 필요했는데, 금고는 비어 있었던 겁니다. 그래서 정부는 교회 재산을 몰수해 팔기로 결정합니다. 그런데 문제가 하나 있었죠. 땅은 바로 현금이 되지 않는다는 점입니다. 집을 파는 과정을 생각하면 이해가 쉽습니다. 지금 당장 집을 파는 계약을 한다고 하더라도 돈을 받고 또 이사를 하기까지는 많은 시간이 걸리는 법입니다. 혁명 정부에게는 이런 과정을 기다릴 시간이 없었습니다.

그래서 어떤 선택을 했을까요? "땅을 담보로 한 종이돈을 먼저 쓰자"는 선택이었습니다. 이렇게 등장한 것이 아시냐(assignat)입니다. 쉽게 말해, "이 지폐는 나중에 땅으로 바꿀 수 있어요"라는 약속이 붙은 돈이었던 셈입니다.

처음엔 사람들도 그 약속을 믿었습니다. "어차피 뒤에 땅이 있으니까 괜찮겠지?" 하고 말이죠. 그래서 아시냐는 시장에서 받아들여졌고, 정부도 당장 쓸 돈을 확보할 수 있었습니다. 하지만 상황은 곧 달라집니다. 전쟁은 길어졌고, 세금은 생각만큼 걷히지 않았습니다. 그러자 정부는 국유지를 계속 팔기보다는 아시냐를 더 찍어 내는 쪽으로 정책을 바꿉니다.

결과는 어떻게 되었을까요?

시장에서는 "이 돈, 너무 많아진 거 아니야?"라는 의심이 퍼지기 시작했습니다. 아시냐의 실질 가치, 즉 실제로 물건이나 서비스를 살 수 있는 힘이 빠르게 떨어지기 시작한 겁니다. 1793~94년 공포정치기에는 상황이 잠시 멈춘 듯 보였습니다. 정부는 가격을 통제하고, 금이나 은 같은 금속화폐를 갖고 있지 못하게 했습니다. 강제로 아시냐를 쓰게 만든 셈입니다. 겉보기에는 가치 하락이 잠시 멈춘 것처럼 보였습니다. 하지만 이건 어디까지나 강제로 눌러둔 상태였습니다. 통제가 풀리자 시장은 즉각 반응했습니다. 사람들은 다시 아시냐를 외면했고, 신뢰는 돌아오지 않았습니다. 1794년 이후 인플레이션은 걷잡을

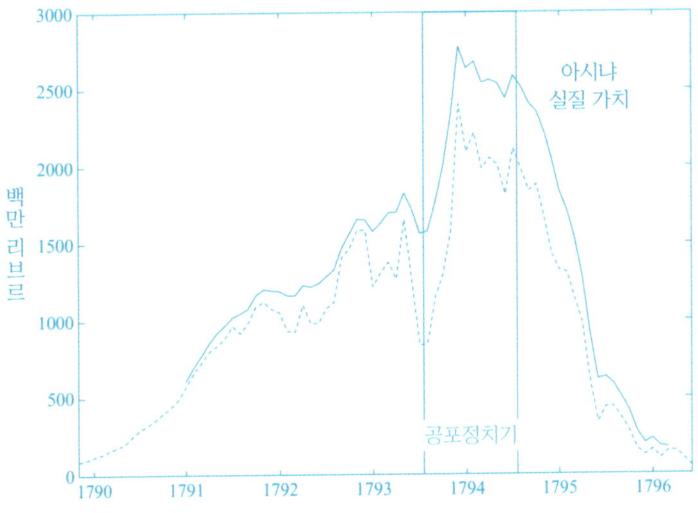

1789~1796년 프랑스 화폐(아시냐)의 실질 가치 변동 그래프

수 없이 커졌고, 1796년에 이르러 아시냐는 사실상 휴지 조각이 됩니다. 혁명 정부가 약속했던 '신뢰의 화폐 체제'는 끝내 유지되지 못했습니다. 이 과정을 한눈에 보여주는 것이 바로 아시냐의 실질 가치 변동 그래프입니다.

- 1789~1792년: 국유지 매각이 꾸준히 진행되며 가치가 비교적 상승

- 1793~1794년: 공포정치기 강압 조치로 가치 하락이 일시적으로 멈춤

- 1794~1796년: 통제 종료 이후 하이퍼인플레이션이 발생하며 가치가 0으로 수렴

이 그래프가 말해주는 핵심은 무엇일까요? 화폐의 운명을 결정하는 것은 종이의 모양도, 정부의 명령도 아닙니다. 사람들이 그 약속을 믿느냐입니다. 프랑스 혁명은 정치 체제는 바꾸었습니다. 하지만 화폐를 떠받치는 가장 중요한 기반인 신뢰는 끝내 복원하지 못했습니다. 아시냐는 역사 속으로 사라졌고, 혁명 정부는 값비싼 교훈을 남기게 됩니다. 약속을 찍어낼 수는 있어도, 신뢰까지 찍어낼 수는 없습니다.

| 토론거리 |

프랑스 혁명 이후 사회는 경제적으로 공정해졌을까?

프랑스 혁명은 왜 시작됐을까요? 자유와 평등을 외치며, "이제는 왕과 귀족만 잘사는 사회는 끝내자"는 약속에서 출발했습니다. 실제로 혁명 이후에는 귀족의 특권이 사라지고, 모두가 세금을 내는 사회가 만들어진 것처럼 보였습니다.

하지만 정말로 모두가 공평해졌을까요?

왕과 귀족은 사라졌지만, 그 자리는 완전히 비어 있었을까요?

혁명 이후에도 돈과 자본을 가진 새로운 사람들, 즉 새로운 특권층이 등장했습니다. 겉으로 보면 신분은 평등해졌지만, 경제적인 격차는 여전히 남아 있었던 셈입니다.

프랑스 혁명은 진짜 경제 정의를 실현한 사건이었을까요? 아니면 불평등의 구조는 그대로 두고, 얼굴만 바꾼 혁명이었을까요?

정치적으로는 모두가 시민이 되었고, 목소리를 낼 권리를 얻었습니다. 하지만 경제적으로는 기회와 자원이 정말 공평하게 나뉘었는지는 여전히 논쟁거리입니다.

- 긍정적 측면 키워드: 특권 철폐, 조세 평등, 시민의식, 기회의 확대
- 부정적 측면 키워드: 자본 불평등, 신흥 부르주아 계층, 경쟁 격화, 구조적 빈부격차

2장.
전쟁과 부채
- 20세기의 첫 번째 균열

1차 세계대전: 국가채권의 신성화

1차 세계대전이 막 시작된 1914년 여름, 파리의 분위기는 어땠을까요? 사람들은 전쟁이 길어질 거라고 생각하지 않았습니다. "금방 끝날 거야"라는 말과 함께 병사들은 웃으며 떠났고, 시민들은 꽃을 던지며 환호했습니다. 그러나 전쟁이 시작되고 몇 달이 지나자, 정부는 아주 중요한 사실을 깨닫습니다. 전쟁은 용기의 싸움이 아니라, 돈의 싸움이라는 점이었습니다. 포탄과 탄약, 군수품과 식량이 늘어날수록 프랑스의 금고는 빠르게 비어갔습니다. 재무부는 재정 파탄의 문턱에 서 있었던 셈입니다.

전시 국채 광고 포스터

이때 등장한 해법이 바로 전시 국채였습니다. 전시 국채는 단순한 금융상품이 아니었습니다. 정부는 이렇게 외쳤습니다.

"조국을 위해 돈을 빌려달라."

세금을 더 내라는 말 대신, 조국에 돈을 빌려주며 전쟁에 참여하라는 요청이었습니다.

사람들은 이 요청에 어떻게 반응했을까요? 많은 국민이 지갑을 열었습니다. 은행 창구에는 줄이 늘어섰고, 아이들까지 동전을 모아 국채를 샀습니다. 교사와 사제는 수업과 설교 시간에 채권 구매를 권했고, 신문은 "국채를 사는 것이 조국을 사랑하는 일"이라고 강조했습니다. 국채를 사는 행동은 명예로운 시민의 증표가 된 셈입니다.

루이 14세 시대에는 왕의 권위가 신용이었고, 혁명기에는 법과 제도가 그 역할을 했습니다. 그런데 1914년의 프랑스에서는 신용이 감정 위에 놓여 있었습니다. 사람들은 정부의 재정 상태보다 조국에 대한 믿음을 먼저 떠올렸고 돈을 빌려주는 행위는 더 이상 거래가 아니었습니다. 그것은 애국심의 표현이었습니다. 국채의 가치는 경제적 계산보다 도덕적 확신에 기대고 있었던 셈입니다. 국채를 사지 않는 사람은 "비애국적 시민"으로 보이기 시작했습니다. 정부는 연극과 영화는 물론이고, 장례식장까지 활용해 국채를 홍보했습니다. "당신의 마지막 유산을 조국에 바쳐라"라는 문구가 유행처럼 퍼졌습니다. 이때 애국심은 재정이 사용하는 가장 강력한 화폐가 되었습니다.

전쟁이 길어지자 정부는 더 많은 국채를 발행했습니다. 애국심을 바탕으로 국채는 계속 늘어났고, 부채는 전쟁을 움직이는 연료가 되었습니다. 그 결과는 숫자로도 분명했습니다. 1914년 이후 불과 4년 만에 프랑스의 국가부채는 네 배로 불어났습니다. 그런데 이상한 점이 하나 있습니다. 그 누구도 이것을 재정 위기라고 부르지 않았다는 점입니다. 왜 그랬을까요?

사람들은 "전쟁만 끝나면, 다 갚을 수 있을 거야"라고 믿었습니다. 이 시기 프랑스에서는 애국심이 합리적인 재정 판단을 대신했습니다. 국가를 믿는 감정이 화폐와 부채를 냉정하게 바라보는 이성을 눌러버린 순간이었습니다.

전간기(1918년~1939년): 채권국에서 부채국으로

1918년, 전쟁이 끝났을 때 파리의 거리에는 승전의 환호가 넘쳤습니다. 사람들은 "우리가 이겼다"고 외쳤고, 전쟁은 끝났다고 믿었습니다. 하지만 그 함성 뒤에는 아주 조용하고 차가운 현실이 기다리고 있었습니다. 바로 돈 문제였습니다. 국채의 만기가 돌아왔는데, 정부는 원금을 갚을 돈이 없었습니다. 과연 프랑스는 어떻게 했을까요?

새로운 국채를 발행해서 예전에 빌린 돈을 다시 갚았습니다. 이렇게 부채는 끝나지 않는 순환의 고리에 묶이게 됩니다. 전쟁의 승리는 영광이었지만, 재정의 관점에서 볼 때 패배에 가까웠습니다. 전쟁이 끝났을 때 프랑스의 국채는 국내총생산의 세 배를 넘었고, 국고는 거의 비어 있었습니다. 전쟁은 이겼지만, 매우 비싼 영수증을 받아든 셈입니다. 총알이 남긴 상처는 시간이 지나면 아물 수 있지만, 부채가 남긴 이자는 시간이 지날수록 더 커졌습니다. 이자는 마치 눈덩이처럼 불어나 국가 예산을 갉아먹었습니다. 전쟁이 끝났다는 말은, 전쟁 비용이 끝났다는 뜻은 아니었습니다. 실제로 프랑스 정부는 이자만 갚는 데도 연간 예산의 절반 가까이를 써야 했습니다. 총성은 멈췄지만, 재정은 계속 피를 흘리고 있었던 것입니다.

문제는 단순히 빚이 많아진 것만이 아니었습니다. 전쟁 전까지 프랑스는 유럽의 대표적인 채권국, 즉 다른 나라에 돈을 빌려주던 나라였습니다. 동유럽의 철도, 지중해의 항구, 러시아의 산업 단지에서 나오는 이자는 프랑스 경제의 든든한 버팀목이었습니다. 그런데 전쟁이 끝난 뒤, 이 구조는 완전히 무너졌습니다. 러시아 혁명으로 차르 정부의 빚은 사라졌고, 독일로부터 받기로 한 배상금도 현금으로 들어오지 않았습니다. 종이에 적힌 채권은 있었지만, 실제로 돈을 갚아줄 상대가 사라진 셈입니다. 돈을 빌려주던 채권국이 한순간에 돈을 빌려야 하는 채무국으로 바뀌었습니다.

전쟁의 폐허를 복구하려면 돈이 필요했습니다. 하지만 파리의 은행들은 이미 여력이 없었습니다. 결국 프랑스는 바깥으로 손을 뻗게 됩니다. 그 손이 향한 곳은 바로 미국이었습니다. 이때부터 프랑스의 부채는 대서양을 건너가기 시작했습니다. 뉴욕의 월가와 워싱턴의 재무부가 프랑스의 새로운 채권자가 되었습니다. 19세기 내내 '유럽 금융의 중심'이었던 프랑스는 이제 대서양 건너 나라에 빚을 진 처지가 된 셈입니다. 정부는 이 부채를 "국가 재건의 비용"이라고 설명했습니다. 틀린 말은 아니었지만 빚이 늘어날수록 국가 재정의 자율성은 점점 약해지고 있었습니다.

문제는 세금도 잘 걷히지 않았다는 점입니다. 전쟁 기간 동안 치솟았던 물가는 그대로 굳어졌고, 그만큼 세수는 줄었습니다. 정부는 부유세와 법인세를 새로 만들었지만, 전쟁으로 약해진 산업은 이 부담을 견디지 못했습니다. 기업들은 높은 세금을 피해 해외로 나가려 했고, 부자들은 돈을 은행 대신 개인 금고 속에 숨기기 시작했습니다. 세금을 걷으려 할수록, 세금의 바탕이 되는 경제는 더 약해지는 아이러니가 벌어진 것입니다.

여기에 또 하나의 기대가 무너집니다. 프랑스 정부는 독일이 전쟁 배상금만 제대로 내주면, 빚 문제를 해결할 수 있을 거라 믿었습니다. 하지만 현실은 달랐습니다. 독일은 전후 경제 붕괴로 이자조차 감당하지 못했고, 1922년에는 배상금 지급을 중단했습니다. 믿고 있던 돈줄이 끊기자, 프랑스 재정에는 비상등이 켜졌습니

베르사유 조약 체결 서명식

다. 결국 프랑스는 또다시 외국에서 돈을 빌려야 했고, 국가 경제는 점점 더 다른 나라의 자본에 의존하는 구조로 들어가게 됩니다. 전쟁은 끝났지만, 프랑스의 재정 전쟁은 이제 막 시작되고 있었던 셈입니다.

1923년, 프랑스가 독일의 루르 지역을 점령한 결정은 단순한 군사 행동이 아니었습니다. 프랑스군이 석탄과 철강 산업의 중심지, 독일 산업의 심장부로 들어간 이유는 아주 현실적인 문제 때문이었습니다. 돈이 없었기 때문입니다. 프랑스는 그만큼 절박했습니다. 전쟁 배상금은 들어오지 않았고, 빚은 눈덩이처럼 불어나고 있었습니다. 그래서 프랑스는 이렇게 생각한 셈입니다.

"그렇다면 직접 가서 받아오자."

내가 진 빚을 갚아야 하는데 나한테 돈을 줘야 할 사람이 계속 약속을 어길 때, 결국 그 집 앞까지 찾아가서 물건이라도 가져오려는 모습과 비슷합니다. 루르 점령은 바로 그런 절박한 선택이었습니다. 루르 점령이라는 도박은 어떻게 되었을까요?

결과는 실패였습니다. 프랑스가 루르에서 얻은 것은 산업 시설이 아니라, 주변국들의 차가운 시선이었습니다. 유럽의 동맹국들조차 프랑스를 탐욕스럽다고 비난했고, 프랑스는 국제 사회의 신뢰를 빠르게 잃었습니다. 그 대가는 곧바로 나타났습니다. 1924년, 프랑(franc)의 가치는 전쟁 전의 절반 아래로 곤두박질쳤습니다. 돈의 가치가 무너진다는 것은 국가에 대한 믿음이 흔들린다는 뜻입니다.

화폐가 흔들리자, 정치도 함께 흔들렸습니다. 전쟁이 끝난 뒤, 프랑스 정부는 무려 일곱 차례나 바뀌었습니다. 정치권의 논쟁은 늘 같은 질문으로 돌아왔습니다.

"부채를 갚기 위해 허리띠를 졸라맬 것인가, 아니면 성장을 위해 돈을 더 풀 것인가?"

이 질문에 어떤 답을 내놓아도 쉽지 않았습니다. 긴축을 외친

정부는 거리로 나온 국민의 분노에 밀려 무너졌고, 지출을 늘린 정부는 금융시장의 압력과 불어나는 이자를 견디지 못하고 무너졌습니다.

　정치가 방향을 잡지 못하는 동안, 무엇만 계속 늘어났을까요? 바로 정부의 부채였습니다. 멈추지 않고 계속 불어났습니다. 이런 혼란 속에서 프랑스 사회에는 묘한 변화가 나타났습니다. 전쟁 중의 기억 때문이었습니다. 전쟁 기간 동안 국가는 식량 배급을 하고, 물가를 통제하고, 세금을 조정하며 국민의 일상 깊숙이 들어와 있었습니다. 국가는 무섭기도 했지만, 동시에 삶을 지켜주는 존재이기도 했던 셈입니다. 1920년대의 위기 속에서 사람들은 "정부는 믿기 어렵지만, 그래도 국가는 필요하다"고 느끼기 시작합니다. 국민은 무능한 정부를 불신하면서도, 동시에 국가의 강한 보호를 원했습니다. 이 모순된 감정이 오늘날의 프랑스를 이해하는데 아주 중요한 단서입니다. 이때 형성된 심리가 훗날 프랑스 복지국가의 토대가 됩니다. 국가는 실패했지만, 사람들은 국가를 포기하지 않았습니다. 프랑스 복지국가는 바로 이 불신과 기대가 뒤섞인 순간에서 태어나기 시작한 셈입니다.

전후 복지국가의 토대 – '총력전의 유산'

전쟁이 끝났을 때 프랑스는 승전국이었습니다. 그런데 현실은 어땠을까요? 전선에서 돌아온 병사들을 기다린 것은 환호가 아니라 세금 고지서, 실업, 그리고 두 배로 뛴 물가였습니다. 기대했던 평화와는 전혀 다른 모습이었죠. 이런 상황에서 사람들은 "국가는 어디에 있는 걸까?"라는 생각을 하게 되었습니다.

이 때 전쟁 이전에는 떠올리지 않던 개념이 생겨납니다. 국가의 개입을 어느 정도는 당연하게 받아들이게 된 것입니다. 왜 이런 변화가 생겼을까요? 이유는 총력전에 있었습니다.

전쟁은 더 이상 군대만의 일이 아니었습니다. 국민 전체가 동원되는 일이었고, 그 과정에서 국가는 삶의 거의 모든 영역에 개입했습니다. 식량은 배급으로 나눴고, 물가는 통제했고, 공장은 군수산업으로 바뀌었으며, 병사 가족을 지원했습니다. 이는 집에 큰 재난이 닥쳤을 때 가족이 각자 알아서 사는 게 아니라, 한 사람이 모든 돈과 물자를 관리하며 생존을 책임지는 상황과 비슷합니다.

1914년 이전의 국가는 주로 세금을 걷고 법을 집행하는 '작은 정부'였습니다. 그러나 전쟁을 거친 국가는 국민의 일상에 깊숙이

들어온 '큰 정부'가 되었습니다. 사람들은 배급표와 동원 명령서를 통해 직접 느꼈습니다. 국가는 개인의 자유를 제한할 수 있지만, 동시에 개인의 생존을 책임지는 존재가 될 수도 있다는 사실을 말입니다. 큰 정부의 개입은 분명 구속이었지만, 동시에 보호이기도 했습니다. 바로 이 이중성이 훗날 복지국가의 씨앗이 됩니다.

전쟁이 남긴 또 하나의 변화는 무엇이었을까요?

바로 '국민의 숫자'에 대한 집착입니다. 징병과 배급을 위해 국가는 처음으로 국민의 이름, 주소, 나이, 직업을 대규모로 수집하고 정리했습니다. 이제 국민은 더 이상 막연한 '대중'이 아니었습니다. 세고, 분류하고, 관리할 수 있는 개별 단위가 된 셈입니다. 복지는 바로 이런 데이터 위에서 설계되는 제도입니다. 전쟁이 끝난 뒤에도 정부는 군수 행정의 틀을 완전히 없애지 않았습니다. 다만 이름만 바꿨을 뿐입니다. '징발'은 '지원'으로, '통제'는 '보호'로 바뀌었습니다.

전시 물가통제위원회와 부상병 지원처는 이후 생활물가 안정 정책과 사회보장 행정의 출발점이 됩니다. 이러한 흐름은 1945년에 분명해집니다. 폐허 위에서 출범한 샤를 드골의 임시정부는 전시 동원 체계를 과감히 이어받습니다. 드골은 "국가는 이제 국민의 일자리, 가족, 건강을 책임질 것이다."라고 선언합니다. 전쟁 중 만

샤를 드골 대통령

들어진 관리 시스템을 해체하지 않고, 대신 사회보장이라는 이름으로 재편한 것입니다. 프랑스의 복지국가는 갑자기 태어난 제도가 아니라, 전쟁이라는 극한 상황 속에서 형성된 국가 개입의 경험이 제도화된 결과였던 셈입니다.

같은 해 10월, 사회보장기금이 만들어졌습니다. 이때부터 질병, 노령, 실업, 산업재해는 모두 제도의 언어, 다시 말해 행정이 관리하는 위험으로 분류되었습니다. 국민의 역할도 달라졌습니다. 사람들은 보험료를 내는 납부자가 되었고, 국가는 시혜를 베푸는 존재가 아니라 위험을 관리하는 보험자가 되었습니다.

이 변화가 의미하는 건 뭘까요? 이전까지 보호는 자선이나 호의의 영역에 머물러 있었습니다. 그러나 이제 보호는 행정의 의무, 다시 말해 계약이 된 셈입니다. 이 과정에서 "국가가 책임진다"는 문장은 점점 힘을 얻기 시작합니다. 이 말은 처음에는 전후 재건을 위한 구호에 가까웠습니다. 하지만 시간이 지나면서, 프랑스 사회에서는 이 문장이 하나의 믿음, 거의 새로운 신앙처럼 자리 잡기 시작합니다.

처음 복지는 참전용사와 전쟁 유가족에게 지급되는 연금, 즉 희생에 대한 보상에서 시작했습니다. 그런데 보호의 범위는 점점 넓어졌습니다. 아동, 노동자, 실업자, 노령층으로 계속 확장되었습니다. 문제는 여기서부터입니다. 보호는 연대의 표현이었지만, 제도가 쌓일수록 그 연대는 되돌릴 수 없는 권리로 굳어졌습니다. 한번 만들어진 복지제도는 거의 사라지지 않습니다. 재정이 감당할 수 있는 선을 넘더라도 정치적으로 없애기 어려운 약속이 됩니다.

전후 프랑스의 복지국가는 사실 두 겹으로 볼 수 있습니다. 겉으로는 "국가는 국민을 보호한다"는 전후 복원의 논리입니다. 하지만 그 아래에는 총력전이 남긴 강력한 행정력, 국민을 세고 분류하던 데이터, 그리고 국민 총동원 체계라는 유산이 그대로 활용되고 있었습니다.

전쟁 시기의 국가는 애국심으로 국채를 팔았습니다. 그렇다면 평화의 시기에는 무엇으로 국민을 붙잡았을까요? 바로 복지였습니다. 시대는 달랐지만, 이 둘을 잇는 끈은 같았습니다. "국가는 결국 국민을 책임진다"는 기대였습니다.

총력전의 기억은 단순한 과거의 행정 경험으로 끝나지 않았습니다. 그 기억은 이후 세대의 국가관을 형성하는 뿌리가 되었습니다. 문제는 전쟁의 끝에서 태어난 복지가 다시 부채를 키웠다는 점입니다. 프랑스는 국가 보호의 확대와 재정의 건전성 사이에 존재하는 트레이드오프, 즉 하나를 늘리면 다른 하나가 줄어드는 관계를 끝내 해결하지 못한 채 방관하기 시작했습니다. 이때부터 프랑스의 재정은 선의로 시작된 약속이 어떻게 부담으로 바뀌는지를 보여주는 길로 들어서게 됩니다.

IMF가 말하는 부채의 고착화(Debt Persistence)의 시작

2차 세계대전이 끝난 뒤, 전쟁이 남긴 것은 폐허와 부채, 그리고 하나의 중요한 인식 변화였습니다. "국민을 책임지는 국가가 지는 빚은 정당하다"는 생각이 자리 잡기 시작한 겁니다. 국가는 이미 커져 있었지만, 그 국가를 유지할 돈은 늘 부족했습니다. 부채는 전시의 예외가 아니라, 평시에도 계속 이어지는 현실이 되었습니다.

전쟁 직후 프랑스의 선택은 긴축보다는 복구였습니다. 정부는 물가가 폭등하지 않도록 세금을 올리고 화폐 가치를 안정시키려 했지만, 동시에 전쟁 피해 보상금과 복구 사업, 복지 지출을 줄일 수는 없었습니다. 마치 집이 큰 재난을 겪은 뒤 생활비를 줄여야 한다는 사실을 알면서도, 집 수리비와 치료비를 쓰지 않을 수 없는 상황과 비슷합니다. 결국 돈이 필요했고, 그 돈은 다시 빚으로 마련할 수밖에 없었습니다. 그 결과 프랑스의 부채는 시간이 지나도 줄지 않았습니다. 사라진 것이 아니라 형태만 바뀐 채 계속 이어진 셈입니다.

프랑스는 1920년대 전후 복구 지출도 대부분 부채로 충당했고, 1930년대에도 같은 방식을 반복했습니다. 대공황으로 세금 수입은 줄어들었지만, 실업자 구제와 산업 지원을 위해 정부는 돈을 더 써야 했기 때문입니다. 1940년대의 사회보장 예산도 다르지 않았습니다. 복지를 유지하려면 지출을 줄일 수 없고, 세금을 올리면 정치가 흔들렸습니다. 이미 '국가'가 사회의 안전망이 된 상황에서 긴축재정, 즉 정부 지출을 줄이는 선택은 정치적으로 거의 불가능해진 셈입니다.

이 과정에서 전쟁 중 국채는 '애국심'이라는 이름으로 정당화되었으며 평화의 시대에 부채는 이제 '복지'의 이름으로 정당화되기 시작했습니다. 사람들은 "국가가 빚을 낼 수 있다는 것 자체가 국가의 신뢰다."라고 믿기 시작한 겁니다. "국민이 국가를 믿으니, 빚을 져도 괜찮다"는 생각은 그럴듯해 보였지만, 결국 재정의 만성적인 불균형을 만들었습니다. 오늘날 IMF는 프랑스의 부채를 'Debt Persistence', 즉 부채의 고착화라고 부릅니다. 부채의 고착화란 무엇일까요? 단순히 빚이 많다는 뜻이 아닙니다. 위기가 지나가도 부채를 줄이지 않고, 오히려 제도 안으로 흡수해 버리는 정치적 관성을 말합니다. 쉽게 말해, 빚을 없애는 대신 기본값처럼 받아들이는 태도입니다.

IMF는 1970년대 보고서에서 이렇게 표현했습니다.

"프랑스의 부채는 위기 후 정상으로 돌아가지 않는다. 매번 더 커진 부채가 흡수되고, 새로운 기준선이 만들어진다."

이는 위기 때 생긴 부채가 다음 시대 재정의 출발선이 된다는 뜻입니다. 1차 세계대전의 부채가 1930년대 대공황기의 국가지출로, 2차 세계대전의 부채가 1950년대 복지 재정으로 이어지는 식이죠.

여기에 정치의 논리가 더해집니다. 선거 기간에 쏟아진 단기적 약속들은 시간이 지나 장기적인 부채로 남았습니다. 정부는 늘어난 빚의 청구서를 다음 정부로 미루는 데 익숙해졌습니다. 프랑스 예산에는 암묵적인 규칙이 하나 생겼습니다.

"경제 위기 때는 빚을 내서 지출을 늘리고, 회복기에는 늘어난 지출을 그대로 유지한다."

긴축은 말로만 존재했고, 부채는 현실로 남았습니다. 전쟁이 만든 부채는 결국 '부채의 고착화'라는 경제 언어로 굳어졌습니다. 부채라는 종이로 만든 성 위에 복지가 세워지고, 복지의 약속 아래 다시 부채가 쌓였습니다. 이제 부채는 일시적인 위기의 결과가 아니라 국가의 정체성이 되었습니다.

IMF가 말하는 'Debt Persistence'란, 프랑스가 전쟁의 상처를 복지 제도로 바꾸고, 그 복지 제도를 다시 부채로 바꿔온 오랜 선택의 누적을 의미합니다.

프랑스의 부채는 언제 가장 크게 늘어났을까요? 지난 100년을 돌아보면, 프랑스는 두 차례의 큰 부채 폭발을 겪었습니다. 첫 번째는 1913~1945년, 두 번째는 2005~2024년입니다.

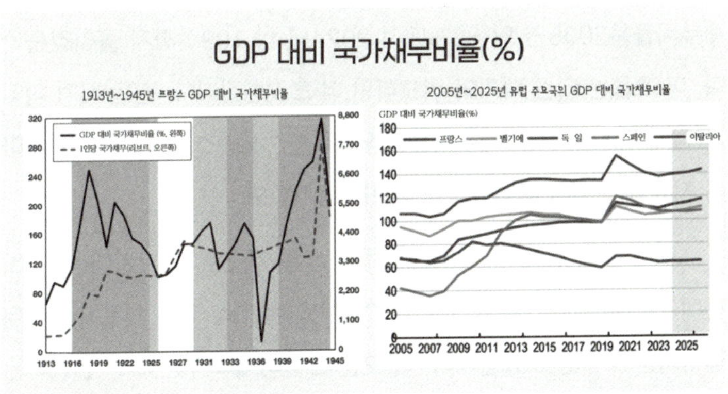

GDP 대비 국가채무비율 그래프

1913년부터 1945년까지 프랑스는 두 번의 세계대전을 연달아 겪었습니다. 전쟁이 시작되자 국가 지출은 폭발적으로 늘었고, 국가채무비율은 GDP의 300%를 넘는 수준까지 치솟았습니다. 이 흐름을 시기별로 나눠서 보면 더 분명해집니다.

- 1913~1920년: 1차 세계대전으로 지출이 폭증하며 채무비율이

200% 안팎까지 상승

- 1920~1930년: 전후 회복기 동안 채무비율이 점진적으로 안정

- 1930~1945년: 대공황과 2차 세계대전이 겹치며 다시 급격한 상승

두 번째 부채 폭발 시기는 2005~2024년입니다. 이 시기에는 2008년 금융위기, 2011년 유로존 재정위기, 그리고 2020년 코로나19까지 위기가 끊이지 않았습니다. 이때 프랑스 정부는 경기 침체를 막기 위해 대규모 재정지출을 선택했습니다. 그 결과, GDP 대비 국가 채무비율은2005년 약 65%에서 2024년 약 109%까지 올라갔습니다. 이 흐름은 다른 나라와 비교하면 더 또렷해집니다. 같은 시기 독일은 경기 호황기 동안 채무비율을 낮췄지만, 프랑스는 위기가 올 때마다 지출을 늘리며 부채가 구조적으로 증가했습니다.

프랑스는 65%에서 109%로 계속 상승, 독일은 호황기에는 감소, 팬데믹 이후 소폭 상승, 스페인과 이탈리아는 이미 높은 채무비율이 더 높아지는 흐름을 보였습니다. 이 모든 흐름이 말해주는 것은 전쟁이든 경제위기든, 프랑스는 위기 앞에서 늘 부채를 선택했다는 점입니다.

왜 그랬을까요? 세금을 즉각 올리기는 어렵고, 복지나 연금을 줄이는 결단도 피하는 사이, 부채가 사회를 떠받치는 역할을 하게 된 것입니다. 결국 프랑스에서는 빚이 임시방편이 아니라 구조가 되었습니다. 위기를 넘기기 위해 선택한 부채가, 어느새 사회를 지탱하는 기본 장치로 고착화된 셈입니다.

"안보의 이름으로 지출된 빚은 정당한가?"

국가는 언제 가장 많은 돈을 쓰게 될까요? 전쟁이나 테러, 외부의 위협처럼 안보가 흔들릴 때입니다. 이럴 때 국가는 늘 이렇게 말합니다.

"지금은 안보가 먼저다."

프랑스도 마찬가지였습니다. 두 차례의 세계대전, 그리고 최근의 지정학적 위기 속에서 프랑스는 재정의 거의 모든 여력을 안보 지출에 쏟아부었습니다. 그 결과 부채는 역사적으로 가장 높은 수준까지 늘어났습니다.

안보 지출은 분명 국가의 생존을 위한 필수 선택이었습니다. 나라가 무너지면 그 다음은 없으니까요. 하지만 그때 쓰인 돈은 결국 미래 세대가 갚아야 할 빚으로 남았습니다. 안보의 이름으로 지출된 부채는 정말 정당한 선택이었을까? 아니면 거절하기 어려운 명분으로 포장된, 또 하나의 부담 떠넘기기였을까요?

위기를 막기 위한 지출은 어쩔 수 없었다고 해도, 전쟁이 끝난 뒤에는 상황이 달라졌어야 했습니다. 하지만 현실에서는 안보를 이유로 한 지출이 쉽게 줄어들지 않았고, 충분한 정치적 합의 없이 부채는 계속 쌓여 갔습니다.

안보의 이름으로 쓴 빚은, 과연 책임 있는 재정 선택이었을까요? 아니면 현재의 생존을 위해 미래 세대의 부담을 미뤄 둔 선택이었을까요? 지금의 안전과 미래의 부담 사이에서, 국가는 어디까지 책임을 져야 할까요?

- 긍정적 측면 키워드: 국가 생존, 전쟁 억지, 안전 보장, 사회 통합
- 부정적 측면 키워드: 미래세대 부담, 민주적 통제 부족, 정치적 남용, 지속가능성 훼손

프랑스인의 "시간 감각" – 5분은 절대 5분이 아니다?

파리에서 유학하던 시절, 많이 들었던 문장은 바로 "Je suis en route." "지금 가는 중이야."라는 뜻이다. 하지만 이 말이 가진 숨은 뜻을 깨닫기까지는 많은 시간이 걸렸다. 프랑스 친구가 "5분만 기다려줘, 지금 가는 중이야!"라고 메시지를 보내면, 나는 진짜로 5분 뒤에 나타날 줄 알았다. 하지만 현실은? 5분 → 10분 → 15분 → 25분

마지막에는 느긋한 미소와 함께 등장했다. 프랑스에서는 이것을 지각이라고 부르지 않는다. 그냥… "일상의 리듬"일 뿐이다. 카페에서도 시간은 다르게 흐른다. 한국의 바쁜 카페처럼 빠르게 테이블을 치우고 "다음 손님!"의 압박은 없다. 바리스타가 천천히 커피를 내리고, 계산대에 줄이 길어져도 누구 하나 짜증내지 않는다. 종업원이 주문을 받지 않아도 손님은 종업원을 결코 부르지 않고 인내심 있게 기다린다. 손님이 먼저 종업원을 부르면 예의 없는 사람이 된다. 내가 커피를 기다리며 불안하게 시계를 볼 때, 직원은 나를 이상하게 쳐다본다. 여기서는 너무 급한 사람을 '이상한 사람'으로 보는 경향이 있다.

프랑스인에게 시간은 '목표를 달성하는 도구'가 아니라, '삶을 즐기는 공간'이기 때문이다. 약속 시간은 '정확히 지켜야 하는 것'이 아니라, '대략 그쯤'의 의미를 갖는다. 대화는 천천히 즐기고, 걸음은 여유롭게 걷고, 식사 시간은 아끼지 않는다.

한 걸음 늦게 걷고, 한 모금 천천히 마시고, 한마디 더 나누는 것. 프랑스식 시간 감각은 결국 여유와 삶의 속도에 대한 철학이다. 빠르게, 정확하게 움직이는 한국과는 다르지만, 둘 중 어느 것이 더 옳다고 말할 수는 없다. 그저 서로 다른 문화일 뿐. 파리에서 보낸 1년은 내게 가르침을 줬다. 인생에서 조금 늦어도 괜찮다. 중요한 건 그 시간 속에서 무엇을 느끼고 배우고 있는가다.

2부

·

복지의 덫

평등이 만든
비효율의 구조

3장.
복지국가의
정점과 착시

지출의 관성 – 줄어들지 않는 복지의 구조

1950년대 프랑스에 살았던 청년 세대는 스스로를 '기적의 세대'라고 불렀습니다. 전쟁의 폐허 위에서 공장은 다시 돌아가기 시작했고, 도시에는 사람이 몰려들었습니다. 전쟁의 상처는 "이제 성장하면 된다"는 말로 덮인 셈입니다. 자동차, 가전, 주택이 빠르게 늘어나던 이 시기, 사람들은 이 30년을 '황금기', 즉 영광의 30년(Trente Glorieuses)이라고 불렀습니다. 그만큼 모두가 잘살아지고 있다고 느꼈기 때문입니다.

"성장이 모든 걸 해결해 줄 거다"라는 믿음 때문에 복지는 영광의 30년 때 크게 늘어났습니다. 연간 경제성장률이 5%를 넘던 시절, 정부는 "소득이 계속 오르는데, 세금을 조금 더 걷어도 문제없지 않을까?"라고 생각했습니다. 세수가 늘어나면 복지도 끝없이 유지될 수 있을 것처럼 보였던 겁니다.

1960년대의 연금 개혁은 이런 믿음을 더 강하게 만들었습니다. 정부는 노년층의 가난을 없애겠다며 연금을 늘렸고, 조기 퇴직도 적극적으로 장려했습니다. 법정 퇴직연령은 65세에서 60세로 낮아졌습니다. 마치 부모가 "월급이 계속 오르니까 지금부터 용돈을 더 써도 괜찮아"라고 생각하는 것과 비슷합니다. 부모는 아이가 자라면 더 많이 벌 거라고 믿고 있었던 셈입니다. 당시 프랑스 정부도 비슷하게 생각했습니다. 60대가 일터를 떠나면, 그 자리는 자연스럽게 젊은 세대가 채울 거라고 믿었습니다. 고용도, 연금도, 모두 잘 돌아갈 거라고 본 겁니다. 그때 정부는 자신이 만든 복지의 무게를 거의 느끼지 못했습니다. 연금, 가족수당, 실업급여가 해마다 늘어났지만 그건 부담이 아니라 우리가 잘살고 있다는 증거처럼 여겨졌습니다. 국민도 "국가는 언제나 돈을 낼 수 있다"라고 생각했습니다. 정치도 그 믿음을 굳이 깨려 하지 않았습니다. 공공부문은 커졌고, 사회지출은 GDP의 20%를 넘어서기 시작했습니다.

1945년 드골이 만든 프랑스 복지 모델의 핵심은 바로 지금 세대는 보호받고, 그 비용은 미래 세대가 낸다는 약속이었습니다. 젊은 세대가 낸 세금이 부모 세대의 연금으로 흘러가는 구조였죠. 지금 부모의 생활비를 자녀가 대신 내고, "나중에 네가 늙으면 그 다음 세대가 도와줄 거야"라고 약속하는 구조입니다. 황금기에는 이 약속이 잘 굴러가는 것처럼 보였습니다. 경제는 성장했고, 사람들은 오래 살지 않았고, 세대 간 신뢰도 유지되는 듯했습니다. 마치 균형이 맞아 떨어진 것처럼 보였던 겁니다.

하지만 영광의 이면에서 균열은 조용히, 그리고 빠르게 커지고 있었습니다. 프랑스 연금 제도는 평균수명이 70세 안팎이고, 경제가 빠르게 성장할 때는 잘 작동했습니다. 하지만 사람들이 더 오래 살기 시작하고, 출산율과 성장률이 떨어지자 상황은 완전히 달라졌습니다.

1970년대 후반부터 연금을 받는 사람은 빠르게 늘어났지만, 세금을 내는 생산연령층, 즉 일해서 돈을 벌 수 있는 15~64세 인구는 줄어들기 시작했습니다. 연금 지출은 눈덩이처럼 커졌는데, 이를 뒷받침할 재원은 따라가지 못했습니다. 결국 누가 더 많은 부담을 지게 되었을까요? 바로 일하는 세대였습니다. 젊은 세대는 점점 더 많은 세금을 내면서 "우리는 이 성장의 열매를 과연 누릴 수 있을까?"라는 불안을 갖게 됩니다. "국가가 책임진다"는 말은 어느새

"다음 세대가 감당한다"는 말로 들리기 시작했습니다. 이때부터 세대 간의 불편한 긴장이 생겨났습니다. 황금기의 성장은 사실 세대 간 신뢰 위에 세워진 착시였던 셈입니다. 30년의 번영은 국민에게 "복지는 계속 유지될 수 있다"는 환상을 주었습니다. 하지만 시간이 갈수록 세대 간 계약은 불균형해졌고, 복지는 하나의 제도이자, 다음 세대에 남겨진 유산이 되었습니다. 개혁은 더 이상 복지를 늘리지 않는 선에서만 논의될 뿐, 이미 주어진 혜택을 줄이자는 말은 정치적 금기가 되었습니다.

연대의 가치에서 권리의 문화로

프랑스가 꿈꿔 온 복지국가의 출발점은 연대라는 가치였습니다. 연대란 쉽게 말해, 한 사람이 무너지면 공동체도 흔들린다는 믿음입니다. 그래서 세금을 내는 일은 짐이 아니라 사회적 약속으로 받아들여졌고, 복지를 받는 일도 당연한 권리가 아니라 서로를 믿은 결과로 여겨졌습니다. 국가는 주는 쪽, 시민은 받는 쪽이 아니라 서로 책임을 나누는 동반자였던 셈입니다.

그런데 프랑스에서 이 관계는 점진적으로 달라졌습니다. '함께 살아가기'를 떠받치던 연대의 감정이 시간이 지나며 점점 제도로 굳어졌기 때문입니다. 감정이 제도가 되자, 연대는 곧 권리의 언어로 바뀌었습니다. "국가는 도와준다"는 기대가 "국가는 반드시 도와야 한다"는 요구로 바뀐 겁니다. 1950년대까지는 큰 문제가 없었습니다. 경제가 빠르게 성장했고, 일자리와 세수도 함께 늘어났기 때문입니다. 이 시기에는 복지가 공동체의 약속처럼 작동했습니다. 하지만 1970년대 오일쇼크 이후 상황은 달라졌습니다.

경제 성장은 둔화됐고 실업은 늘어났습니다. 복지는 더 이상 공동 연대의 약속이 아니라 생존의 수단이 되기 시작했습니다. 사람들은 서로를 위해 세금을 낸다기보다, 각자 자신이 받을 몫을 계산하기 시작했습니다. 예전에는 가족 전체를 위해 돈 관리를 하던 집이, 이제는 각자 "나는 얼마 냈고, 얼마 받아야 하지?"를 따로 적기 시작한 셈입니다. 복지는 '공동체의 보험'에서 '개인의 권리'로 성격이 바뀌었습니다.

정치학자 피에르 로장발롱은 이 변화를 "연대의 윤리가 권리의 문화로 변한 과정"이라고 불렀습니다. 과거 프랑스의 복지는 사회적 신뢰를 바탕으로 한 수평적 관계였습니다. 노동자와 납세자, 시민과 행정이 서로의 책임을 인식하는 구조였다는 뜻입니다. 그러나 1980년대 이후 복지는 수직적 관계, 즉 국가와 개인이 직접 마주하는 거래로 바뀌었습니다. 국가는 보호자가 되었고, 시민은 청구자가 되었습니다. 연대가 제도 속에서 개인화된 순간이었습니다. "복지는 나누는 것"이라는 말은 사라지고, "복지는 권리다"라는 구호가 자리를 잡았습니다. 정부가 복지를 줄이려 하면 사람들은 "권리를 침해당했다"고 느끼게 됩니다. 복지의 확대는 도덕적으로 당연한 일이 되었고, 재정의 한계나 예산 부족은 더 이상 경제의 문제가 아니게 되었습니다. 복지지출을 조정하는 일은 곧 시민의 권리를 줄이는 일로 받아들여졌고, 정치는 그 윤리적 압박에 순응하게 되었습니다.

연대가 제도화되면서 행정의 규모도 커졌습니다. 국가는 '보호할 대상'인 국민을 더 잘게 나누었고, 보호의 범위는 계속 넓어졌습니다. 이때 복지의 목적은 불평등을 줄이는 데서, 불만을 관리하는 쪽으로 이동합니다. 사회적 안정을 최우선으로 삼는 순간, 복지는 연대의 제도가 아니라 질서유지의 기술이 된 셈입니다. 국가는 빈곤을 없애기보다 불만이 폭발하지 않을 수준에서 정밀하게 관리했습니다.

그 결과 연대의 복지는 사회를 하나로 묶었지만, 권리의 복지는 사회를 조각냈습니다. 모두가 복지를 원했지만, 그 비용을 누가 책임질지는 아무도 말하지 않았습니다. 복지는 한때 공동의 가치였지만, 이제는 경쟁하고 쟁취해야 할 대상이 되었습니다. "국가가 책임진다"는 말은 여전히 쓰이지만, 의미는 달라졌습니다. 국가는 책임을 지되, 국민은 그 책임을 나누지 않는 사회, 바로 그 지점에 프랑스 복지국가가 서 있습니다.

복지가 사회적 권리가 될수록 사회지출은 왜 기하급수로 커질까?

복지가 '권리'가 되면 어떤 일이 벌어질까요? 프랑스의 사회보장비 지출을 보면 그 답이 보입니다. 지난 20년 동안 프랑스의 사회지출은 OECD 국가 중에서도 가장 높은 수준을 유지해 왔습니다. 2001년부터 2021년까지 GDP 대비 사회지출 비율은 대략 27%에서 32% 사이를 오르내렸고, 2021년에는 약 32%까지 올라갔습니다. 왜 이렇게 높게, 그리고 꾸준히 유지됐을까요? 연금, 의료, 실업급여 같은 지출이 모두 '권리로 굳어진 지출'이 되었기 때문입니다.

경기가 좋든 나쁘든, 세금이 많이 걷히든 덜 걷히든, 권리가 된 복지는 자동으로 지출됩니다. 한 번 사회적 권리로 인정되면 "이번 달은 형편이 안 좋으니 줄이자"라고 말하기가 불가능해지는 셈입니다. 그래서 프랑스의 사회지출은 언제나 늘어났지, 줄어든 적은 거의 없었습니다.

그렇다면 이 이야기는 프랑스만의 문제일까요?

한국의 상황도 그냥 지나칠 수 없습니다. 한국은 2001년만 해도 GDP 대비 사회지출 비율이 약 6%에 불과했습니다. 그런데 2021년에는 20%를 훌쩍 넘겼습니다. 20년 만에 세 배 이상 늘어난 셈인데, 이 속도는 OECD 국가 중에서도 가장 빠른 편입니다. 고령화가 빠르게 진행되고, 복지에 대한 요구가 커졌으며, 사회서비스가 점점 제도

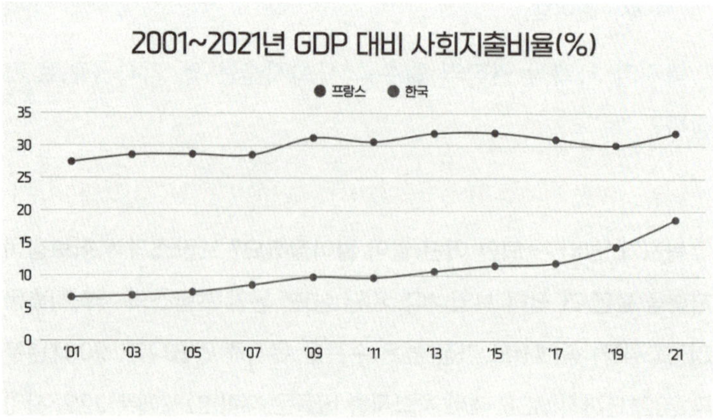

프랑스와 한국의 GDP 대비 사회지출비율

적 권리로 자리 잡았기 때문입니다.

프랑스처럼, 한국도 이제 비슷한 압력을 받기 시작했습니다. '권리화된 지출'이 늘어날수록 재정 부담은 눈덩이처럼 커집니다. 처음에는 조금 늘어난 것처럼 보이지만, 시간이 지나면 감당하기 어려운 수준으로 불어나는 구조입니다. 이건 특정 정부의 선택 문제라기보다, 제도 자체가 가진 성격에 가깝습니다. 한국 역시 "복지가 권리가 될수록, 그 비용은 누가, 언제, 어떻게 감당해야 할까?"라는 질문을 더 이상 미룰 수 없게 된 셈입니다.

"연대는 언제 의무에서 권리로 변했을까?"

프랑스에서 말하는 '연대'는 처음부터 권리였을까요? 아니었습니다. 연대는 오랫동안 공동체의 의무에 가까웠습니다. 전쟁이나 빈곤 같은 위기 상황에서, 시민들이 "이건 남의 일이 아니라 우리 모두의 문제 아닐까?"라고 생각하며 서로 책임을 나누는 행동에서 출발했죠. 세금을 내는 일도 "내가 손해 본다"기보다는 "함께 버티기 위한 약속"에 더 가까운 선택이었습니다. 연대란, 국가가 해주는 일이 아니라 시민 스스로 감당하는 태도였던 셈입니다. 그런데 언제부터 분위기가 달라졌을까요?

20세기에 들어 복지국가가 본격적으로 커지면서 변화가 시작됩니다. 연금, 의료, 실업급여 같은 제도가 만들어지고 확대되면서, 연대는 점점 제도의 언어로 옮겨갔습니다. "우리가 서로 돕자"라는 말은 "국가가 보장해야 한다"는 말로 바뀌었고, 세금을 통해 사회보장제도를 유지하는 공동의 의무는 어느새 "국가는 나를 지켜야 한다"는 권리의 주장으로 전환되었습니다. 연대가 감정과 태도의 문제에서, 제도와 권리의 문제로 옮겨간 순간입니다.

국가의 역할은 점점 커졌고, 그만큼 새로운 갈등도 생겨났습니다. 복지가 계속 유지될 수 있을까, 세대 간에 부담은 공평한가, 세금은 누가 얼마나 내야 하는가 같은 문제들이죠. 연대가 권리가 되면서, 우리는 더 안전해졌지만 동시에 더 복잡한 선택 앞에 서게 된 셈입니다. 오늘날 우리가 말하는 연대는, 서로 나누는 책임일까요, 아니면 국가에 요구하는 권리일까요? 그리고 그 균형은 어디쯤에 있어야 할까요?

- 긍정적 측면 키워드: 보편적 보장, 사회적 안전망 확대, 위험의 사회적 분담, 시민권 강화
- 부정적 측면 키워드: 재정 부담 증가, 조세 저항, 권리의 과도한 확대, 세대 간 불균형

4장.
세금의 역설
– '평등'의 이름으로 불평등을 확대하다

누진세의 한계, 조세 저항의 일상화

프랑스의 근대 조세제도는 한때 평등의 상징이었습니다. 부자는 더 내고, 가난한 사람은 덜 내는 구조가 "공정한 사회는 무엇일까?"라는 질문에 대한 공화국의 답변이었습니다. 세금은 불평등을 고치는 도구였고, 시민의 연대는 세금을 통해 눈에 보이게 실현되는 것처럼 보였습니다. 그런데 시간이 지나면서 질문이 생기기 시작합니다. "이 세금, 정말 정의로운 걸까?" 세율이 높아질수록 사람들은 세금을 정의의 수단이 아니라 벌칙처럼 느끼기 시작했고, 누진세는 점점 반감을 부르는 제도로 변해갔습니다. 세금이 공동체를 잇는 끈이 아니라, 불신을 키우는 장벽이 된 셈입니다.

누진세의 원리는 사실 아주 단순합니다. 소득이 많으면 세금을 더 내서, 부가 한쪽으로 쏠리지 않게 하자는 생각이죠. 그런데 현실은 그렇게 단순하지 않았습니다. 소득이 높은 사람들은 세법의 빈틈을 찾거나, 자본을 해외로 옮기는 방식으로 세금 부담을 피했습니다. 국경을 넘는 자본 이동이 늘어나면서, 세율은 그대로인데 세수는 줄어드는 상황이 벌어졌습니다. "세금을 올릴수록 돈은 밖으로 나간다"는 역설이 현실이 된 겁니다. 결국 정의를 강화하려던 제도가 조세 기반 자체를 약화시킨 셈입니다.

문제는 숫자보다 사람들의 마음이었습니다. 세금을 내는 사람들은 묻고 싶어졌습니다.

"이 돈이 어디에 쓰이는 거지?"

복지국가의 약속은 계속 늘어났지만, 공공서비스의 질이 눈에 띄게 좋아졌다고 느끼는 사람은 많지 않았습니다. 그러니 세금은 '공동의 투자'가 아니라 '개인에게 내려진 벌'처럼 느껴지기 시작했습니다. 조세 저항은 거리의 시위보다, 일상 속 냉소와 회피로 나타났고, 세금을 피하는 일은 어느새 생존 기술처럼 여겨졌습니다.

1970년대 이후 프랑스 정부는 세제를 계속 고쳤습니다. 세율은 오르내렸고, 세금 종류는 점점 늘어났습니다. 하지만 근본적인 해결책은 나오지 않았습니다. 고소득층에 세금을 더 매기면 정치적으로는 박수를 받았지만, 경제적으로는 효과가 미미했습니다. 반대로 세율을 낮추면 기업 투자는 늘었지만, "부자만 살판났다"는 분노가 커졌습니다. 정부는 매번 타협을 선택했고, 그 결과 예외 규정이 쌓이면서 세제는 점점 복잡하고 불투명해졌습니다. 누진세는 더 이상 정의의 도구가 아니라, 정치적 계산의 결과물이 된 셈입니다.

이 조세 저항은 부유층만의 이야기가 아니었습니다. 중산층 역시 부담을 느끼기 시작했습니다. 물가를 빼고 나서 실제로 쓸 수 있는 돈, 즉 실질소득은 늘지 않는데 사회보장 기여금과 지방세는 계속 올라갔기 때문입니다. 사람들은 세금을 "부자와 가난한 사람의 싸움"이 아니라 "국가와 개인의 싸움"으로 인식하게 되었습니다. 더 내도 삶이 나아지지 않는다면, 누가 조세의 정의를 믿을 수 있을까요? 형식상 프랑스의 세금은 여전히 누진적이지만, 그 누진성은 불평등을 줄이지 못했습니다. 형식은 남았지만, 목표는 잃은 셈입니다.

프랑스의 조세 저항은 조용한 도피로 나타납니다. 고소득층은 자본을 해외로 옮기고, 중산층은 소득을 숨기려 합니다. 흥미로운 점은, 세금을 피하고 싶어 하면서도 복지는 포기하지 않으려 한다는 겁니다. 이 모순된 마음이 프랑스 재정을 안쪽에서부터 갈라놓고 있었습니다. "연대를 위해 세금을 내자"는 약속이 깨졌을 때, 조세제도는 더 이상 신뢰의 언어가 아니라 명령의 언어로 남게 된 셈입니다.

부유세 폐지 논쟁과 세수의 역설

프랑스의 부유세는 한때 "이게 바로 평등이 아닐까?"라는 질문에 대한 상징적인 답이었습니다. 1981년, 프랑수아 미테랑 정부가 이 세금을 도입했을 때 메시지는 분명했죠. 부자에게 더 큰 책임을 지우고, 그 돈으로 사회적 연대를 강화하겠다는 약속이었습니다. 세금은 단순한 돈 걷기가 아니라, "공동체의 일원이라면 이 정도는 함께 내야 하지 않을까?"라는 도덕적 신호였던 셈입니다.

부유세의 구조는 겉으로 보면 단순했습니다. 일정 수준 이상의 자산을 가진 사람에게 매년 자산가치의 일부를 세금으로 걷는 방식이었죠. 문제는 소득이 거의 없는 은퇴자나 부동산 보유자에게도 같은 부담이 떨어졌다는 점이었습니다. 결과는 어땠을까요? 세수는 전체 예산에서 아주 작은 비중에 그쳤고, 자산가들은 벨기에나 스위스처럼 세금이 낮은 나라로 이주해 버렸습니다. 돈은 국경을 넘었고, 세금의 형태만 남은 셈입니다.

토마스 피케티

경제학자 토마스 피케티는 이 상황을 "정의의 역설"이라고 불렀습니다. 세금을 올릴수록 부자는 더 빨리 빠져나간다는 뜻이죠. 금융시장은 국경이 없기 때문에 자본은 이동할 수 있었지만, 노동은 그럴 수 없었습니다. 결국 세금의 무게는 움직일 수 없는 사람들, 다시 말해 중산층에게 더 많이 실렸습니다. 평등을 만들려던 제도가 오히려 불평등을 키운 셈입니다.

2017년, 에마뉘엘 마크롱 정부는 큰 결정을 내립니다. 기존의 부유세를 없애고, 부동산에만 적용되는 세금으로 바꾼 것이죠. 금융자산과 기업지분은 과세 대상에서 빠졌습니다. 마크롱은 "투자를 벌주는 세금은 성장을 막는다"고 설명했지만, 국민의 반응은 차

가웠습니다. 많은 사람들은 이 결정을 "부자에게 주는 선물"로 받아들였고, 마크롱은 '부자들의 대통령'이라는 별명을 얻었습니다. 세율을 낮추자 오히려 불평등에 대한 분노가 더 커진 겁니다.

피케티는 이 선택을 두고 효율의 문제가 아니라 신뢰의 문제라고 비판했습니다. 부유세의 핵심은 세수를 얼마나 더 걷느냐가 아니라, 부자도 공동체의 책임을 나눈다는 상징이었기 때문입니다. 큰돈이 들어오지는 않아도 가족 모두가 각자 몫을 낸다는 신호 같은 거죠. 그 신호가 사라지자 남은 것은 의심과 감정의 균열이었습니다. 정부는 투자를 기대했지만, 국민은 정의가 포기됐다고 느꼈습니다.

결국 프랑스의 부유세 논쟁은 숫자의 문제가 아니라 마음의 문제가 되었습니다. 세금을 줄이면 성장이 올 것이라는 계산은 빗나갔고, 남은 것은 사회적 불신이었습니다. 부유세 폐지는 경제를 살리지도, 세수를 늘리지도 못한 채, "우리는 과연 같은 공동체일까?"라는 질문만 더 크게 남긴 셈입니다.

세금의 정치학: 정의를 둘러싼 감정의 전쟁

사람들은 세율이 몇 퍼센트인지보다 "이게 공정한가?"를 먼저 묻습니다. 아무리 계산이 잘 맞아도 "나만 손해 보는 것 같은데?"라는 느낌이 퍼지는 순간, 세금에 대한 신뢰는 무너집니다. 그래서 조세 피로라는 말이 나옵니다. 세금을 내는 건 의무지만, 그 의무가 불공평하다고 느껴질 때 피로는 금세 분노로 바뀌는 셈입니다.

사람들은 세금을 그냥 빼앗기는 돈으로 생각하지 않습니다. 마음속에서는 항상 교환을 떠올립니다. "내가 낸 만큼 돌아오고 있을까?"라는 질문이죠. 매달 회비를 내는데 가족 중 몇 명만 혜택을 받는 상황과 비슷합니다. 처음엔 참고 넘어가도, 시간이 지나면 "왜 나는 혜택을 못 받지?"라는 생각이 들 수밖에 없습니다. 복지 혜택이 특정 집단에만 집중되거나, 행정이 비효율적으로 보이는 순간, 세금에 대한 신뢰는 빠르게 사라집니다. 프랑스에서 조세 저항이 커진 것도 이런 일상적인 환멸이 쌓였기 때문입니다. "나는 국가를 위해 일하는데, 국가는 나를 위해 일하지 않는 것 같다"는 피로감이 사회 전체로 번진 겁니다. 노란조끼 운동은 세금 액수 그 자체보다, 세금이 어디로 가는지 알 수 없다는 불신이 폭발한 사건이었습니다.

국가는 세수를 지키기 위해 제도를 점점 복잡하게 만들었습니다. 하지만 그 복잡함은 신뢰를 높이기보다는 오히려 더 많은 의심을 낳았습니다. 세금을 내는 행위가 공동체와의 약속이 아니라, 이유를 알 수 없는 명령처럼 느껴지는 순간, 조세 정의는 힘을 잃습니다. 세금은 숫자로 보이지만, 그 뒤에는 항상 권력의 선택이 숨어 있습니다. 누구에게 얼마나 걷고, 그 돈을 어디에 쓰느냐는 결국 "우리는 어떤 사회를 유지하고 싶은가?"라는 가치 판단의 결과입니다.

프랑스 혁명도 조세의 불평등에서 출발했습니다. 혁명 이후 공화국은 모두가 평등하게 낸다는 원칙으로 세금을 정당화했지만, 현실은 늘 그렇게 단순하지 않았습니다. 제도 속의 정의는 분명해 보여도, 사람들의 마음속 정의는 계속 흔들렸습니다. 그래서 프랑스 정치에서 세금은 언제나 감정이 개입되는 주제가 됩니다. 좌파는 세금을 연대의 도구로 말하고, 우파는 책임의 대가로 설명합니다. 한쪽은 평등을, 다른 한쪽은 성장과 경쟁력을 강조하지만, 공통된 문제는 하나입니다. 세금에 대한 논의가 끝내 감정의 프레임을 벗어나지 못했다는 점입니다.

고(高)세부담 구조의 고착

프랑스는 왜 늘 "유럽에서 세금을 가장 많이 내는 나라"로 불릴까요? OECD 기준으로 보면 프랑스의 조세부담률은 GDP의 약 46%입니다. 국민이 벌어들인 돈의 절반 가까이가 세금과 사회보험료로 국가에 들어간다는 뜻입니다. 스웨덴이나 덴마크보다도 높은 수준인데, 이상하게도 사람들의 만족도는 그만큼 높지 않습니다. 그래서 이런 말이 나옵니다.

"세금은 북유럽 수준인데, 만족도는 남유럽 수준인 셈이다."

이렇게 높은 세금은 왜 생긴 걸까요? 단순히 복지를 많이 해서일까요? 꼭 그렇지만은 않습니다. 프랑스 재정의 핵심 문제는 '자동지출' 구조에 있습니다. 연금, 건강보험, 실업급여처럼 법으로 보장된 사회보장제도는 경기가 좋든 나쁘든 자동으로 지출이 늘어납니다. 돈이 덜 들어와도 줄일 수 없는 지출이 많으니, 결국 다른 방법은 하나뿐입니다. 세금을 더 걷거나, 새로운 세금을 만드는 겁니다. 이렇게 세금은 점점 '복지를 살려두기 위한 생명유지장치'가 되어버렸습니다.

여기에 프랑스 세제의 복잡함이 더해집니다. 부가가치세, 소득세, 법인세, 사회보장기여금, 지방세까지 세금의 종류가 200개가 넘습니다. 게다가 세금이 눈에 잘 보이지 않는 방식으로 걷히는 경우도 많습니다. 예를 들어 기업은 직원에게 월급을 줄 때, 그 금액의 절반 가까이를 사회보험료로 추가 부담합니다. 노동자 입장에서는 "세금이 이렇게 많았나?"를 체감하기 어렵지만, 기업 입장에서는 인건비 부담이 크게 느껴집니다. 그 결과 기업은 신규 고용을 망설이게 되고, 일자리는 늘지 않습니다. 높은 세금이 결국 고용의 문턱을 높이는 셈입니다.

세금은 원래 신뢰를 바탕으로 합니다. 사람들은 단순히 의무라서 세금을 내는 게 아니라, "이 돈이 공정하게 쓰일 것"이라고 믿기 때문에 받아들입니다. 그런데 프랑스에서는 이 신뢰가 약해지고 있습니다. "세금은 계속 오르는데, 내 삶은 왜 나아지지 않을까?"라는 질문이 퍼지고 있습니다. 실제로 많은 국민이 세금이 너무 높고, 공평하지 않다고 느낍니다. 정치인들은 선거 때마다 세금을 줄이겠다고 말하지만, 현실에서는 쉽지 않습니다. 왜냐하면 복지지출과 공공부채가 이미 하나의 구조로 엮여 있기 때문입니다. 한쪽에서 세금을 깎으면, 다른 쪽에서 새로운 세금이 생깁니다. 2018년 부유세를 없앴을 때, 그 빈자리를 연료세 인상으로 메운 일이 바로 그런 예입니다.

이제 프랑스의 세제는 조정할 수 있는 스위치가 아니라, 굳어버린 구조에 가깝습니다. 국가는 지출을 줄이기 어렵고, 시민은 더 낼 여력도 없습니다. 한쪽에서는 효율을 외치고, 다른 쪽에서는 공정을 요구합니다. 그 사이에서 높은 세 부담은 사회의 움직임을 둔하게 만들고, 성장의 속도를 조금씩 늦추고 있습니다.

조세부담률 비교분석

프랑스, 독일, 한국은 모두 선진국인데, 왜 세금 부담은 이렇게 다를까요? 지난 20년을 보면 3국가의 경로가 완전히 달랐다는 걸 알 수 있습니다. 프랑스는 OECD에서도 늘 상위권인 약 45~47% 수준을 유지해 왔고, 독일은 그보다 낮은 38~40% 선에서 비교적 안정적으로 관리해 왔습니다. 반면 한국은 복지지출이 빠르게 늘었는데도 조세부담률은 26~28% 수준에 머물러 있고, OECD 평균보다도 낮은 편입니다. 이 차이는 세 나라가 어떤 복지국가 모델을 선택했는지를 그대로 보여주고 있습니다.

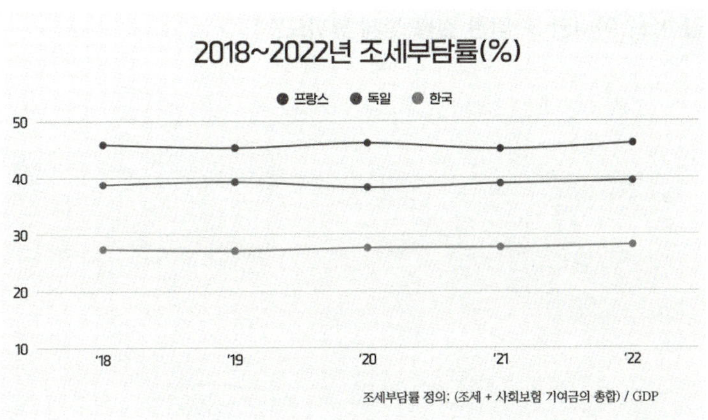

프랑스, 독일, 한국의 조세부담율

- 프랑스: 약 45~47%로 OECD 최상위권 유지

- 독일: 38~40% 수준에서 완만한 변동

- 한국: 26~28% 수준으로 OECD 평균(약 34%)보다 낮은 구조

프랑스는 의료, 연금, 실업급여처럼 한 번 권리가 되면 줄이기 어려운 복지 지출이 크기 때문에 높은 조세부담률이 계속 유지될 수밖에 없습니다. 독일은 제조업 중심의 고용 구조와 사회보험 체계 덕분에 세금 부담을 비교적 안정적으로 관리해 왔습니다. 한국은 아직 선진국에 비해 복지지출 규모가 작아 조세부담률도 낮게 나타난 셈입니다.

그렇다면 한국은 이 상태로 계속 갈 수 있을까요? 고령화가 빠르게 진행되는 상황에서, 지금의 낮은 조세부담률이 그대로 유지될 수 있을까요? 앞으로 한국의 선택은 프랑스와 닮아갈까요, 또는 독일을 닮아갈까요? 아니면 또 다른 길을 찾게 될까요?

"세금은 정의의 수단인가, 정치의 무기인가?"

오래전부터 세금은 사회 정의를 실현하는 가장 강력한 국가의 도구로 여겨져 왔습니다. 부유층의 특권을 조금씩 제한하고, 사회적 약자의 기반을 떠받치며, 모두가 공동체 운영에 공평하게 참여하도록 만드는 장치였다는 겁니다. 프랑스도 혁명 이후 "누구나 법 앞에 평등하게 세금을 낸다"는 조세 평등을 중요한 가치로 내세웠습니다. 그런데 시간이 흐르면서 세금은 정말 정의만을 위한 도구로 남아 있었을까요?

현실을 보면 고개가 갸웃해집니다. 세금은 점점 정치적 메시지를 담는 수단이 되었고, 때로는 선동의 도구처럼 쓰이기 시작했습니다. 부유세를 올리면 정의로운 정부가 되고, 소비세를 깎으면 서민의 편이 되는 것처럼 말이죠.

선거가 다가올수록 이런 모습은 더 분명해집니다. 감세와 증세 논쟁은 계층, 세대, 지역을 나누는 방식으로 활용되고, 재정이 얼마나 버틸 수 있는지보다 "누가 표를 더 얻을 수 있을까?"가 먼저 계산됩니다. 당장은 박수를 받지만, 나중에 그 부담은 고스란히 쌓이게 됩니다.

세금은 사회를 더 공정하게 만들기 위한 정의의 수단일까요, 아니면 정치적 전략에 따라 모양이 바뀌는 도구일까요? 우리는 세금을 통해 무엇을 지키고, 무엇을 선택하고 있는지 한 번쯤 차분히 따져볼 필요가 있지 않을까요?

- 정의의 수단 측면 키워드: 조세 정의, 사회적 연대, 공평한 기여, 복지 재원 확보

- 정치적 전략 측면 키워드: 정치적 선동, 계층 갈등 조장, 단기 표심 전략, 재정 왜곡

5장.
멈추지 않는
지출

로장발롱 테스트

정치학자 피에르 로장발롱은 "국가의 신뢰는 숫자에서 오는 게 아니라, 절차에서 옵니다."라고 말합니다. 이 말은 프랑스 재정 문제의 핵심을 찌릅니다. 로장발롱은 국가가 시민에게 신뢰받으려면 예산이 얼마나 쓰였는지가 아니라, 어떻게 쓰였는지를 국민이 이해할 수 있어야 한다고 봤습니다. 그러니까 재정은 단순한 회계 문제가 아니라, 정치 문화의 문제라는 뜻인 셈입니다.

로장발롱은 프랑스 재정과 민주주의의 관계를 따져 보면서 하나의 기준을 제시합니다. 이게 바로 '로장발롱 테스트'입니다. 국가

재정이 정말 공정한지를 보려면 네 가지 질문을 던져야 한다는 거
죠. 투명한가, 숫자는 믿을 만한가, 권리와 제도의 균형은 맞는가,
그리고 빚은 어떤 성격인가?

먼저 첫 번째 질문, 투명성입니다. 프랑스는 예산을 법으로 정
한 나라 중 하나입니다. 1814년부터 예산은 국회의 승인을 받는 법
이 되었죠. 그럼 아주 투명했을까요? 겉으로 보면 그렇지만, 실제
로는 그렇지 않았습니다. 법으로 통과된 예산 뒤에 본예산 밖에서
움직이는 돈, 그러니까 '보이지 않는 회계'가 너무 많았기 때문입
니다. 사회보장기금, 공공기관 기금, 준정부 기금이 서로 얽히면서
국민은 세금이 어디로 가는지 알기 어려웠습니다. 예를 들어 병원

보조금이라고 적혀 있어도, 그 돈이 다른 기금으로 옮겨져 전혀 다른 데 쓰이기도 합니다. 로장발롱은 이런 상황을 두고 "보이지 않는 예산은 민주주의의 그림자"라고 말했습니다.

두 번째는 통계와 데이터의 질입니다. 프랑스 행정은 숫자를 잘 다루는 편입니다. 그런데 그 숫자가 실제로 어떤 결과를 만들었는지는 잘 설명하지 못합니다. 복지 예산이 10% 늘었다고 하면, 그게 정말 가난을 줄였는지, 아니면 행정비용만 늘린 건지는 잘 안 보인다는 겁니다. 로장발롱은 예산의 크기보다, 그 예산이 삶의 질에 어떤 변화를 줬는지를 보라고 말합니다. 급식비 지원이 늘었다면, 돈을 다 썼는지가 아니라 아이들의 건강이나 학교 출석이 좋아졌는지도 함께 확인해야 한다는 거죠.

세 번째는 권리와 제도의 균형입니다. 프랑스 복지는 '권리'라는 생각 위에 서 있습니다. 세금을 내는 시민은 복지를 누릴 권리가 있다는 논리죠. 그런데 이 권리가 제도의 현실과 떨어져 있으면 문제가 생깁니다. 사회보험은 한정된 돈 안에서 돌아가야 하는데, 권리에 대한 요구는 끝없이 늘어납니다. 실제로 가진 돈은 10유로인데, 약속은 20유로 어치를 계속 쓰는 상황과 비슷합니다. 복지는 약속이지만, 약속이 늘어나면 결국 세금이나 국가의 빚으로 메워야 합니다. 로장발롱은 "권리 요구는 민주주의를 넓히지만, 재정의 현실은 그 확장을 제한한다"고 말했습니다. 이게 바로 프랑스 복지 국가가 안고 있는 딜레마입니다.

네 번째는 빚의 성격입니다. 국가는 매년 돈을 빌립니다. 중요한 건 그 빚이 어디에 쓰이느냐입니다. 도로나 연구개발처럼 미래 세대도 함께 혜택을 받는 투자라면 괜찮습니다. 이런 지출은 오늘 쓰고 끝나는 게 아니라, 오랫동안 나눠 쓰는 자산이기 때문입니다. 하지만 연금이나 실업급여처럼 당장 쓰고 사라지는 지출을 위해 빚을 낸다면 이야기가 달라집니다. 로장발롱은 이런 상황을 두고 "국가의 부채는 경제 문제이자 윤리 문제이며, 세대 간 신뢰 계약이 깨지는 신호"라고 경고했습니다.

로장발롱 테스트의 핵심은 간단합니다. 이 네 가지가 제대로 작동하지 않으면, 국가는 언젠가 '신뢰의 파산'을 맞게 된다는 겁니다. 숫자만 보면 예산이 그럴듯해 보여도, 국민이 "이 돈이 정말 나를 위해 쓰이고 있나?"라는 확신을 잃는 순간 재정은 껍데기가 됩니다. 프랑스의 의료보험, 사회보장기금, 지방정부 투자가 이 테스트를 통과하지 못하면서 신뢰는 흔들렸습니다. 그리고 신뢰를 잃은 재정은 결국 제도까지 흔들게 됩니다. 보이지 않게 부풀어 오른 숫자는 언젠가 드러나고, 그 순간 재정 적자는 다시 신뢰를 갉아먹게 되는 겁니다.

건강보험과 적자의 자동화 메커니즘

프랑스의 건강보험제도는 오랫동안 "국가의 자부심"이라고 불려 왔습니다. 병원비를 거의 내지 않아도 되고, 누구나 치료받을 수 있는 사회라니 정말 이상적인 제도처럼 보이지 않을까요? 그런데 시간이 지나면서 이 제도는 왜 '자동으로 적자가 쌓이는 구조'가 되어버렸을까요?

프랑스의 건강보험, 그러니까 세큐리테 소시알은 1945년 전후 복지국가 건설의 상징으로 시작됐습니다. 당시 드골 정부는 "모두가 낸 만큼 모두가 보호받는다"는 원칙을 세웠습니다. 하지만, 현실은 조금 달랐습니다. 사람들은 점점 더 오래 살게 되었고, 치료비는 더 비싸졌으며, 의학기술은 멈추지 않고 발전했습니다. 예전에는 60세쯤 은퇴해 몇 년 정도만 의료 혜택을 받았다면, 지금은 80세, 90세까지 병원과 약의 도움을 받습니다. 자연스럽게 한 사람당 의료비 지출은 크게 늘어났습니다.

왜 의료비 지출은 계속 늘어날까요? 이유는 의료비 지출이 '자동 지출'이기 때문입니다. 자동 지출이라는 건, 정부가 매년 올릴까 말까를 결정하지 않아도 상황이 바뀌면 저절로 늘어나는 지출을 말합니다. 노인이 늘어나면 보험료를 내는 사람 수가 그대로여도,

혜택을 받는 사람은 급격히 늘어납니다. 의료비 단가가 조금만 올라가도 전체 예산은 눈덩이처럼 커집니다. 정부가 긴축, 그러니까 예산을 줄이겠다고 해도 효과가 잘 안 나타나는 이유가 여기에 있습니다.

프랑스 건강보험 재정은 세금이 아니라 사회보험료, 즉 월급에서 떼는 돈에 크게 의존하기 때문입니다. 일자리가 줄거나 임금이 잘 오르지 않으면 들어오는 돈은 줄어듭니다. 그런데 의료비는 줄어들지 않습니다. 이러니 적자는 자동으로 쌓일 수밖에 없습니다. IMF는 이런 구조를 두고 "복지의 자동화된 적자"라고 부릅니다. 게다가 프랑스에는 수많은 공공의료기금이 있습니다. 각 기금이 병원, 의사, 제약회사와 따로 계약을 맺다 보니, 문제가 생기면 책임이 흐려집니다. 병원은 "약값이 비싼 건 정부 탓"이라고 말하고, 정부는 "보험공단이 관리해야 할 문제"라고 넘깁니다. 결국 의료비는 계속 늘어나는데, 누구도 확실하게 책임지거나 해결하지 않는 구조가 됩니다. 한쪽에서 지출을 줄이려고 하면, 다른 쪽에서 다시 늘어나는 상황이 반복됩니다. 한 군데 구멍을 막으면, 다른 데서 물이 새는 것과 비슷합니다.

그렇다면 이 적자를 그냥 낭비라고만 봐야 할까요? 꼭 그렇지는 않습니다. 의료서비스가 확대되면서 사람들의 수명은 늘었고,

삶의 질도 좋아졌습니다. 하지만 동시에 생명을 유지하는 비용이 끝없이 오르는 시대가 열린 것도 사실입니다. 경제학자들이 말하는 '의료의 역설'이 바로 이것입니다. 보통 기술이 발전하면 값이 내려가야 할 것 같은데, 의료는 오히려 더 좋은 치료가 나올수록 비용이 더 커집니다. 치료가 가능해진 만큼 더 오래, 더 비싼 치료를 받게 되기 때문입니다.

프랑스도 손을 놓고만 있었던 건 아닙니다. 여러 차례 개혁을 시도하며 의료비 상한선을 정하고, 진료 체계도 손봤습니다. 하지만 현실에서는 그 상한선이 잘 지켜지지 않았습니다. 의학적으로 필요하다는 주장이 있었고, 정치적 압력이 부딪칠 때마다 예외가 허용되었고, 적자는 다시 늘어났습니다. 건강보험기금의 빚은 공식적으로는 국가채무가 아니지만, 실제로는 결국 국가가 떠안아야 할 빚입니다.

이 문제는 결국 세대 간 신뢰의 문제로 이어집니다. 기성세대는 내가 낸 만큼 언젠가 돌려받을 것이라고 믿습니다. 반면 젊은 세대는 내가 낸 돈은 이미 누군가의 병원비로 사라지고 있다고 느낍니다. 이 불안이 커질수록 건강보험은 단순한 제도가 아니라 세대 간 계약이 됩니다. 우리는 어디까지를 공동의 책임으로 볼 것일까요? 이 질문에 대한 사회적 합의가 없다면, 건강보험의 적자는 앞으로도 자동으로 쌓일 수밖에 없지 않을까요?

덴마크·네덜란드의 합의 메커니즘

덴마크와 네덜란드는 유럽에서 흔히 "합의의 나라"라고 불립니다. 왜 그런 별명이 붙었을까요? 이 나라들의 재정정책을 보면 의외로 아주 단순한 원칙 위에 서 있습니다. "모두가 조금씩 양보하면, 누구도 완전히 잃지 않는다"는 생각입니다. 복지, 노동, 세금이라는 세 가지를 어느 한쪽으로 몰아가지 않고 균형을 맞추는 것, 이게 합의의 출발점인 셈입니다.

덴마크 노동 정책의 핵심은 '플렉시큐리티(flexicurity)'입니다. 말이 어려워 보이지만, 풀어보면 "해고는 유연하게(flexibility), 삶은 안정적으로(security)"라는 뜻입니다. 회사는 비교적 쉽게 사람을 해고할 수 있습니다. 그런데 이상하게도 근로자들은 크게 불안해하지 않습니다. 왜일까요? 해고 이후의 재교육과 구직 지원이 국가에 의해 확실히 보장되기 때문입니다. 정부는 복지비를 그냥 실업급여로 오래 쓰기보다, 다시 일할 수 있게 만드는 훈련 프로그램에 돌립니다. 단기적으로 보면 실업자가 늘어난 것처럼 보일 수도 있습니다. 하지만 장기적으로는 더 많은 사람이 새로운 일자리로 옮겨 갑니다.

덴마크에서는 이런 제도 전환을 '프로그램 리셋'이라고 부릅니다. 집이 점점 어수선해질 때, 물건을 더 사는 게 아니라 필요 없는 걸 정리하고 구조를 다시 짜는 것과 비슷합니다. 복지 예산도 마찬가지입니다. 무조건 늘리는 대신, 다시 배치해서 국가 전체의 효율을 높이자는 생각입니다.

이런 합의는 어떻게 가능할까요? 덴마크의 합의는 정치 이벤트라기보다 생활 속 관습에 가깝습니다. 노조, 기업, 정부가 매년 모여 임금 인상률, 세금, 복지 조정을 함께 논의합니다. 중요한 건 갈등을 모두가 함께 감당해야 할 현실로 받아들인다는 점입니다. 예산을 놓고 다툴 때도 "이건 내 세금이야"보다 "이건 우리의 계약이야"라는 말이 먼저 나옵니다. 정부는 정책을 바꿀 때 국민을 설득하려 애쓰기보다, 이미 합의된 예산 구조를 그대로 보여줍니다. 세금이 얼마나 걷히고, 복지에 얼마나 쓰이는지 누구나 온라인에서 확인할 수 있습니다. 이런 투명성이 결국 신뢰를 만드는 셈입니다.

네덜란드는 조금 다르지만, 방향은 비슷합니다. 네덜란드는 '협의의 민주주의', 이른바 폴더 모델로 유명합니다. 폴더란 바다를 막아 만든 간척지를 말합니다. 네덜란드 사람들은 예전부터 알았습니다. 물이 새기 시작하면, 서로 싸울 시간이 없다는 걸요. 함께 물을 퍼내지 않으면 모두가 잠긴다는 경험이 정치문화로 이어진 겁니다. 네덜란드에서는 새로운 정책을 시작하기 전에 반드시 여러 집단이 모입니다. 시민단체, 종교단체, 기업연합까지 참여해 '사회적 합의 테이블'을 엽니다. 시간이 오래 걸릴까요? 그렇습니다. 하지만 일단 합의가 되면, 그 정책은 쉽게 흔들리지 않습니다. 이 합의 모델의 강점은 조정의 유연성에 있습니다. 예를 들어 경제가 어려워졌을 때, 교육비 일부를 국방비나 에너지 보조금으로 옮겨야 한다면 어떻게 할까요? 네덜란드 정부는 이를 "예산 삭감"이라고 말하지 않습니다. 대신 "프로그램 재배분"이라고 부릅니다. 외식비를 줄였다고 해서 돈을 잃은 게 아니라, 그 돈으로 난방비나 학원비를 충당하는 것과 같습니다. 네덜란드에서는 이런 선택을 제로섬, 즉 한쪽이 얻으면 다른 쪽이 반드시 잃는 싸움으로 보지 않습니다. 대신 순환적 투자, 다시 돌려 쓰는 투자로 이해합니다.

결국 덴마크와 네덜란드가 보여주는 합의의 메커니즘은 한 가지 질문으로 정리됩니다. 복지는 고정된 제도일까요, 아니면 상황에 따라 조정되는 약속일까요? 이 나라들은 후자라고 답합니다. 제도는 움직이지만, 신뢰는 유지됩니다. 사회적 신뢰는 숫자로 보이지 않지만, 가장 강력한 자산입니다. 이런 신뢰가 쌓여 있을 때, 복지국가는 쉽게 무너지지 않는다는 점을 이 두 나라는 보여주고 있는 셈입니다.

프랑스 마트에서 우유가 '상온 보관'인 이유?

왜 프랑스 우유는 상온에서도 멀쩡할까?

파리에 처음 도착해서 동네 마트에 갔을 때, 나는 두 눈을 의심했다. 우유가 냉장 코너가 아니라 파스타와 통조림 옆에 아무렇지 않게 쌓여 있었기 때문이다. 처음엔 "이거 우유 맞아? 혹시 그냥 포장만 우유인가?" 하고 한참을 들여다봤다. 그런데 친구는 오히려 내가 이상하다는 듯 쳐다보며 "여긴 원래 이렇게 팔아"라고 말했다. 그 말을 듣고도 한동안 상온 우유 코너 앞에서 서성이며 고민했다.

프랑스 우유

프랑스 사람들이 우유를 상온에 두는 이유는 우유를 아주 높은 온도로 짧게 끓여 살균하는 방식(Ultra-High Temperature processing, UHT) 덕분에 냉장 보관을 하지 않아도 오래 두고 마실 수 있기 때문이다. 프랑스에서는 우유가 식료품처럼 진열되고, 사람들은 장을 볼 때 한 번에 몇 팩씩 사서 집에 쌓아둔다. 유학생 입장에서 장기간 보관할 수 있는 우유는 낯설면서도 편했다. 냉장고에 우유를 넣지 않아도 되고 급하게 요리할 때 언제든 상온에서 꺼내 쓸 수 있었기 때문이다.

맛은 확실히 한국 우유와 다르다. 신선하고 부드러운 느낌보다는 살짝 데운 우유처럼 고소한 맛이 강해서 처음엔 익숙하지 않았다. 시리얼에 넣어 먹을 때도 뭔가 '따뜻한 느낌'이 나는 것 같아 적응하는 데 시간이 걸렸지만 프랑스 우유가 익숙해 지면서 조금씩 즐기게 되었다.

3부

·

정치의 포퓰리즘

표를 위한

재정

6장.
선거와
재정의 붕괴

감세와 보조금의 포퓰리즘 구조

선거철이 다가오면 정치인들은 무엇에 관한 공략을 가장 많이 내놓을까요? 바로 예산입니다. 공약집을 펼쳐 보면 감세, 그러니까 세금을 줄이겠다는 말과 보조금을 늘리겠다는 말이 꼭 함께 등장합니다. 서로 반대처럼 보이지만, 사실은 같은 뿌리를 가진 정책입니다. 둘 다 표를 얻기 위한 재정, 다시 말해 '포퓰리즘 재정'인 셈입니다. 세금을 깎아 "경제를 살리겠다"고 말하면서, 동시에 보조금을 늘려 "시민의 부담을 덜어주겠다"고 약속합니다.

정부는 전기요금 인상, 기름값 폭등, 물가 불안을 이유로 각종 지원금을 내놓습니다. 2022년 에너지 위기 때 프랑스 정부가 지급한 연료 보조금이 그 예입니다. 이 지원금은 부자든 서민이든 구분 없이 지급됐습니다. 고가 대형차를 몰고 다니는 사람의 연료비에도 세금이 들어간 것입니다. 집안 형편이 넉넉한 가족과 빠듯한 가족 모두에게 똑같이 생활비를 나눠준 셈입니다. 단기적으로는 정부가 우리를 도와줬다는 느낌이 들긴 합니다. 하지만 시간이 지나면 "왜 세금이 이렇게 쓰이느냐"는 불신이 쌓이기 시작합니다.

보조금의 가장 큰 문제는 한 번 주기 시작하면 끊기 어렵다는 점입니다. 달콤한 사탕을 한 번 맛보면, 다음에 없을 때 더 허전해지는 것과 비슷합니다. 감세와 보조금은 모두 즉각적인 체감을 노립니다. 감세는 "당신 주머니에서 덜 가져가겠다"는 약속이고, 보조금은 "정부가 당신에게 직접 돈을 주겠다"는 위로입니다. 하지만 정부 입장에서 보면 이 둘은 같은 결과로 이어집니다. 수입은 줄고, 지출은 늘어나는 이중 적자 구조가 만들어지는 것입니다.

선거가 끝나면 어떤 일이 벌어질까요? 현실이 드러납니다. 세금은 덜 걷혔고, 지출은 늘어났습니다. 그런데 다음 선거가 다가오면 어떻게 될까요? 똑같은 일이 반복됩니다. 정치인은 감세와 보조금이라는 달콤한 정책으로 국민의 마음을 얻습니다. "지금 힘든 건 네 잘못이 아니라 세금 때문이야" 혹은 "서민을 위해 한시적 지원이 필요해"라는 말이 반복됩니다. 이 패턴은 좌파든 우파든 크게 다르지 않습니다. 좌파는 복지 확대라는 이름으로, 우파는 성장과 자유라는 이름으로 재정을 풀었습니다. 정치 철학은 달라도 결과는 같습니다. 국가의 빚이 늘어난다는 점입니다.

프랑스 재정이 구조적으로 적자에서 벗어나지 못한 이유는 선거에서 표를 얻는 방식이 지출에 지나치게 의존해 왔기 때문입니다. 감세와 보조금은 정치적 상품입니다. 국민의 피부에 바로 와닿는 혜택은 곧바로 표로 연결됩니다. 하지만 이 상품에는 '취소 버튼'이 없습니다. 한 번 지급된 혜택은 다음 정부가 쉽게 거둘 수 없습니다. 그래서 프랑스의 예산은 해마다 조금씩 부풀어 오릅니다.

이렇게 만들어진 포퓰리즘의 구조는 일정한 리듬을 가집니다. 선거 전에는 돈이 풀리고, 선거가 끝나면 구멍만 남습니다. 그 구멍은 결국 누가 메울까요? 지금의 유권자가 아니라, 미래 세대의 세금으로 채워지는 경우가 많습니다.

선거주기별 재정 적자 패턴

선거는 '민주주의의 꽃'이라고들 말하죠. 그런데 재정의 관점에서 보면, 정말 그렇게 아름답기만 할까요? 선거가 가까워질수록 경제

지표보다 여론조사가 더 중요해지고, 예산의 균형보다 표 계산이 앞서는 일이 반복됩니다. 프랑스의 재정 흐름을 들여다보면 이 리듬이 놀라울 만큼 규칙적이라는 걸 알 수 있습니다.

KDI(한국개발연구원)의 분석에 따르면 지난 50년 동안 프랑스의 재정 적자율은 거의 모든 선거에서 비슷한 패턴을 보여왔습니다. 선거 1~2년 전부터 지출이 늘고, 선거가 끝나자마자 긴축이 시작되는 흐름입니다. 이 패턴은 좌파든 우파든 예외가 없습니다. 미테랑, 시라크, 사르코지, 올랑드, 마크롱까지 이름은 달라도 그래프의 곡선은 비슷합니다. KDI는 이를 '선거 주기 효과'라고 부릅니다. 한마디로 말하면, 선거의 표심이 재정의 균형을 이기는 상황이 반복된다는 뜻입니다.

선거 전에는 국민의 지갑을 두툼하게 만들어 표를 얻고, 선거가 끝나면 재정의 현실을 마주하게 됩니다. 예를 들어 사르코지 정부 시절에는 "더 벌고 더 써라"는 구호 아래 감세가 시행됐습니다. 소비가 늘어날 거라고 기대했지만, 금융위기가 닥치자 세입은 급격히 줄었습니다. 그다음 정부는 긴축을 시도했지만, 이미 늘어난 복지 지출을 줄이는 건 정치적으로 쉽지 않았습니다. 정부는 바뀌었지만, 예산의 흐름은 그대로 이어진 셈입니다.

KDI는 이런 현상을 정치 주기와 경제 주기의 엇박자로 설명합니다. 경제는 길게 움직이는데, 정치는 짧은 리듬에 맞춰 반응합니다. 이 시간차가 재정의 왜곡을 만든다는 겁니다. 선거가 가까워질수록 단기적인 경기부양책이 쏟아지고, 선거가 끝나면 고통스러운 구조조정이 뒤따릅니다. 국민 입장에서는 잠깐 좋아졌다가, 오래 힘들어지는 파동을 반복해서 겪는 셈이죠.

흥미로운 점은 재정 적자가 선거 해마다 똑같이 커지는 게 아니라, 정권의 말기에 가장 심해진다는 사실입니다. 정치학자들은 이를 '레임덕 효과'라고 부릅니다. 임기 말로 갈수록 권력이 약해지고, 영향력이 줄어들면서 정부는 큰 개혁보다는 단기적으로 인기 있는 정책에 더 의존하게 됩니다. 보조금 인상, 공공고용 확대, 세금 동결 같은 선택이 여기서 나옵니다. 그 결과 다음 정부는 시작부터 큰 적자를 떠안게 됩니다.

이렇게 쌓인 만성적 적자는 결국 '정치의 구조적 피로'로 이어집니다. 재정이 선거를 위해 계속 조정되다 보니, 장기적인 개혁은 늘 뒤로 밀립니다. 다이어트를 결심해 놓고 평일엔 참다가 주말마다 야식을 먹는 모습과 비슷하지 않을까요? 순간의 노력은 반복되지만, 몸은 가벼워지지 않습니다. 경제라는 근육은 약해지고, 부채라는 체중만 늘어납니다. 선거가 다가올수록 정책은 지속가능성보다 즉각적인 효과를 좇게 되고, 그 비용은 고스란히 다음 세대의 세금으로 넘어가게 됩니다.

'민주주의의 비용'이라는 현실

프랑스의 재정을 이해하려면 숫자만 들여다봐서는 부족합니다. 재정은 단순한 회계가 아니라, 민주주의가 실제로 어떻게 돌아가는지와 깊이 연결돼 있기 때문입니다. 정치학자 루이 임보와 릭 스테이폰허스트는 이 현실을 두고 "민주주의의 비용"이라고 불렀습니다. 선거, 의회, 언론, 시민 참여 같은 민주주의의 장치들은 모두 상당한 돈을 필요로 합니다. 더 많은 사람의 의견을 듣겠다는 건, 그만큼 더 많은 절차를 거친다는 뜻이고, 그 절차는 결국 예산으로 이어집니다.

민주주의는 구조적으로 비용이 많이 드는 체제라고 볼 수 있습니다. 독재국가에서는 한 사람이 결정하면 바로 실행됩니다. 하지만 민주국가에서는 이해관계자들이 모여 토론하고, 조율하고, 타협해야 합니다. 이 과정에서 시간도 들고 돈도 듭니다.

예를 들어 대중교통 요금을 올릴지 말지 논의한다고 해볼까요? 정부는 시민단체, 노조, 환경단체와 회의를 하고, 연구용역을 맡기고, 여론조사를 실시합니다. 가족회의 한 번 하려고 자료를 준비하고, 의견을 맞추느라 며칠씩 회의하는 상황과 비슷합니다. 효율만 보면 비효율적이지만, 대신 투명성과 정당성은 높아지는 셈입니다.

문제는 이런 비용이 시간이 갈수록 점점 커진다는 점입니다. 시민들은 "정치에 참여하고 싶다"고 말하면서도, 동시에 "세금은 더 내기 싫다"고 말합니다. 그러면 정부는 어떻게 할까요? 세금을 올리는 대신 빚을 내서 비용을 충당하게 됩니다. 권리는 강하게 요구되는데, 그에 따른 책임은 나누려 하지 않는 분위기가 자리 잡을수록 재정 적자는 커질 수밖에 없습니다.

임보와 스테이픈허스트의 연구에 따르면, 선거가 자주 열리는 나라일수록 단기 지출이 늘어나는 경향이 있습니다. 또 제도적 투명성이 높은 나라일수록 예산 구조는 더 복잡해집니다. 민주주의가 성숙해질수록 예산이 커지는 이유가 여기에 있습니다. 예를 들어 환경단체의 요구로 탄소세를 도입하면, 동시에 농민이나 다른 집단을 달래기 위한 보조금이 늘어납니다. 사회적 합의를 얻기 위해 '보상성 지출'이 따라붙는 겁니다.

이렇게 보면 프랑스의 예산은 일종의 '타협의 장부'라고 할 수 있습니다. 각 집단의 요구가 숫자로 적혀 있고, 정치적 힘이 예산 규모로 환산됩니다. 민주주의의 예산은 구조적으로 팽창 압력을 안고 있습니다. 권리는 계속 늘어나는데, 그에 맞는 책임은 누가, 어떻게 나눠야 할까요?

선거연도별 정부지출 그래프(2001 – 2024)

프랑스의 재정은 왜 이렇게 출렁거려 왔을까요? 2001년 이후 정부지출 그래프를 보면 답이 보입니다. 선거가 가까워질수록 지출이 늘어나거나, 적어도 줄어드는 속도가 확실히 느려집니다. 2002년, 2007년, 2012년, 2017년, 2022년 대통령 선거 시기를 표시한 붉은 구간을 보면, 공통된 흐름이 반복됩니다. 선거를 앞두고는 "조금 더 써도 괜찮지 않을까?"라는 분위기가 생기고, 선거가 끝나면 다시 현실로 돌아오듯 지출을 조정합니다. 다만 2008년 금융위기나 2020년 코로나19처럼 큰 위기가 닥쳤을 때는 선거와 상관없이 지출이 급증했고, 그만큼 재정 구조도 더 약해졌습니다.

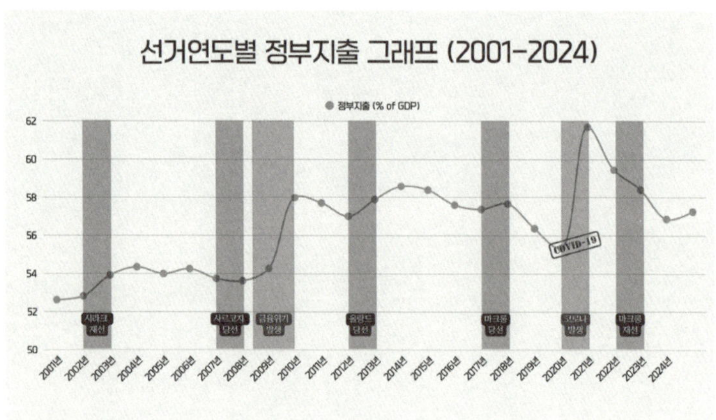

선거연도별 정부지출 그래프 (2001 – 2024)

결국 문제는 경제와 정치의 리듬의 차이였습니다. 경제는 길게, 천천히 흐르지만 정치는 5년짜리 선거 주기로 움직입니다. 선거가 다가오면 지출 압력은 커지고, 선거가 끝나면 긴축이 따라옵니다. 이 엇박자가 반복되면서 재정은 점점 굳어지고, 국가 부채는 쌓여만 갔습니다. 이렇게 쌓인 부담은 결국 다음 선택의 폭을 더 좁히게 됩니다.

"민주주의는 본질적으로 '비용이 드는 체제'일까?"

민주주의라고 하면 보통 자유와 권리부터 떠올리게 됩니다. 왕이나 소수 엘리트가 나라를 좌우하던 시대와 달리, 민주주의에서는 시민 한 사람 한 사람의 목소리가 정치에 반영됩니다. 이렇게 참여하는 사람이 많아질수록, 비용도 함께 늘어나는 건 아닐까요?

생각해 보면 민주주의의 특징은 '더 많이 참여하고, 더 넓게 보호하는 것'입니다. 시민의 권리를 지키기 위해 복지, 연금, 교육, 보건 같은 제도를 늘려 왔고, 이 과정에서 재정지출이 커진 것도 사실입니다.

민주주의는 비용이 드는 체제라는 사실을 인정하되, 그 비용을 어디까지 감당할 수 있을까요? 민주주의의 긍정적인 면과 부정적인 면에 대해 논의해 봅시다.

- 긍정적 측면 키워드: 권리 확대, 갈등 조정, 사회 안정성, 시민 참여 확대

- 부정적 측면 키워드: 재정 부담 증가, 포퓰리즘 지출, 조세 갈등

7장.
좌우의 실종
- 표심의 경제학

사르코지와 '작은 정부'의 실패

2007년, 니콜라 사르코지는 "더 일하고, 더 벌자"라는 구호로 대통령이 됩니다. 말 그대로 열심히 일하면 보상이 따라오는 나라를 만들겠다는 약속이었죠. 그가 내세운 게 바로 '작은 정부'입니다. 세금을 줄이고, 공공부문을 슬림하게 만들고, 복지를 줄여서 경제에 활력을 불어넣겠다는 생각이었습니다.

그런데 프랑스 사회에서 오랫동안 국가는 마지막 고용주였고, 복지는 국가가 책임지는 영역이었습니다. 이 구조를 사르코지는 흔들고 싶었던 겁니다. 취임 첫 해부터 사르코지는 감세에 나섭니다. 근로소득세 공제를 늘리고, 상속세를 완화하고, 부유세도 낮췄습니다. 사르코지는 이걸 "노력에 대한 보상"이라고 불렀습니다. 더 많이 일하면 더 많이 가져가야 공정하지 않겠느냐는 논리였죠.

그럼 결과는 어땠을까요? 기대와는 달랐습니다. 소비는 크게 늘지 않았고, 투자도 살아나지 않았습니다. 부유층의 세금은 줄었지만, 서민의 체감 소득은 거의 변하지 않았습니다. 경기는 살아나지 않았고, 대신 재정 적자만 늘어났습니다.

감세 정책이 풀리지 않자, 사르코지 정부는 공공부문을 손보기 시작합니다. 교사와 공무원 채용을 줄이고, 일부 공공서비스를 민간에 넘겼습니다. 하지만 여기서 문제가 생깁니다. 프랑스의 행정 체계는 너무 복잡했던 겁니다. 중앙정부, 지방정부, 공공기관이 얽혀 있어서 한쪽을 줄이면 다른 쪽이 부풀어 오릅니다. 병원 인력을 줄이자 지역 보건센터가 과부하에 걸렸고, 경찰 인원을 줄이자 치안 문제로 사회적 비용이 늘어났습니다. 작게 만들려고 했는데, 오히려 유지비가 더 드는 정부가 된 셈입니다.

결정타는 2008년 글로벌 금융위기였습니다. 처음에는 긴축을 말했지만, 곧 방향을 바꿉니다. 정부는 자동차 산업에 보조금을 주고, 공공투자를 늘렸습니다. 평소에는 마른 수건도 짜낼 만큼 아끼지만, 집에 불길이 치솟으면 빚을 져서라도 물을 길어와야 하는 상황과 비슷합니다. 집권 2년도 안 돼 '작은 정부'는 '개입하는 정부'로 변했습니다. 시장의 자율을 강조하던 정부가 위기 앞에서는 다시 안전망 역할을 맡게 된 겁니다.

결국 사르코지의 실패는 정책만의 문제가 아니었습니다. 정치 철학이 현실과 충돌한 순간이었습니다. 그는 "정부가 작아져야 시민이 커진다"고 믿었지만, 프랑스 사회는 여전히 국가가 삶의 중심에 있기를 원했습니다. 자유를 말한 대통령과, 보호를 원하는 시민 사이의 간극이 드러난 셈입니다. 자유와 안정, 효율과 평등 사이의 균형은 다시 흔들리기 시작했습니다.

이 흔들림은 다음 정부로 그대로 이어집니다. 한쪽은 감세로 불평등을 키웠고, 다른 한쪽은 복지 확대로 그걸 메우려 했습니다. 방향은 달랐지만 결과는 같았습니다. 프랑스의 재정은 어느 쪽으로 저울이 기울든 점점 더 무거워졌다는 점입니다.

올랑드의 복지 포퓰리즘

2012년, 프랑수아 올랑드는 "부자는 더 내고, 서민은 더 받는다"라는 아주 직관적인 말로 대통령이 됩니다. 사르코지의 감세가 불평등을 키웠다고 보고, 그걸 되돌리겠다는 약속이었습니다. 그는 "금융이 아닌 사람을 위한 경제"를 말하며, 시장보다 분배를 앞세우는 좌파의 언어를 다시 꺼내 들었습니다.

올랑드가 가장 먼저 꺼낸 카드는 연 소득 100만 유로가 넘는 사람에게 75%의 세율을 매기는 초고세율이었습니다. 세계 최고 수준의 세율이었고, 상징성은 매우 컸습니다. 수입이 많은 가족에게 갑자기 월급의 75%를 세금으로 가져가겠다고 하면, 그 가족은 버티기보다 집을 옮길 가능성이 커집니다. 실제로 자본가, 유명 운동선수, 예술인들이 프랑스를 떠났고, 부유세는 정의의 깃발이면서 동시에 '이제 프랑스 밖으로 나가야겠다'는 신호가 되었습니다. 세금은 높아졌지만, 세금을 낼 사람은 줄어든 셈입니다.

올랑드의 선택은 세금에서 끝나지 않았습니다. 공공부문 고용을 늘리고, 최저임금을 올리고, 복지급여를 확대했습니다. 해고를 어렵게 만드는 노동 규제도 강화했습니다. 겉으로 보면 서민을 보호하는 정책처럼 보입니다. 하지만 기업의 입장에서 보면 어떨까요? 규칙이 자주 바뀌고 비용이 늘어나는 환경에서는 투자를 미루게 됩니다. 일자리를 만든다는 명목으로 세금은 올랐지만, 정작 일자리는 크게 늘지 않았습니다. 국민은 처음에는 "이게 정의야"라고 박수쳤지만, 곧 "현실은 왜 이렇게 답답하지?"라는 질문을 던지게 됩니다.

  그 사이 프랑스의 재정 적자는 2013년 GDP의 4.1%까지 올라 갔습니다. 유럽연합이 정한 마스트리히트 기준은 적자를 GDP의 3% 안으로 묶자는 약속입니다. 유럽 집행위원회는 허리띠를 졸라 매라고 요구했지만, 올랑드는 "긴축은 성장을 망친다"며 거부했습니다. 대신 지출을 유지했고, 공공투자를 늘렸습니다. 정치적으로는 편안한 선택이었지만, 재정적으로는 위험한 선택이었습니다. 빚은 늘고, 시장과 국민의 신뢰는 줄어들었습니다.

  정치는 올랑드를 어떻게 평가했을까요? 좌파는 "아직도 충분히 사회적이지 않다"고 했고, 우파는 "경제를 망치고 있다"고 공격했습니다. 중도층은 그 사이에서 점점 지쳐갔습니다. '서민의 대통령'이라는 별명은 어느새 '결정을 못 내리는 대통령'으로 바뀌었고, 상징이었던 부유세는 결국 3년 만에 폐지됩니다.

  올랑드의 실험은 무엇을 남겼을까요? 분배를 강화하면 경제의 발판이 흔들리고, 경제를 살리려 하면 분배의 정의가 흔들린다는 현실이었습니다. 복지는 늘었지만, 성장의 토대는 약해졌습니다. 그 뒤 프랑스 정치에는 '좌도 우도 아닌 중도'라는 말이 등장합니다. 하지만 이 중도는 해답이라기보다, 기존 정치가 잃어버린 신뢰가 남긴 빈자리였던 셈입니다.

마크롱의 '중도 실험'과 신뢰의 공백

2017년, 에마뉘엘 마크롱은 프랑스 정치의 오래된 좌우 구도를 깨겠다고 등장합니다. 좌도 아니고 우도 아닌 중도, 말하자면 복지는 챙기되 효율도 놓치지 않겠다는 선택이었습니다. "이념이 아니라 해법을 보자"는 메시지는 신선했고, 젊고 세련된 그의 모습은 많은 유권자에게 기대를 줬습니다. 프랑스 사람들은 그에게서 "싸우지 않는 정치, 문제를 푸는 정치"를 보고 싶어 했던 셈입니다.

마크롱은 집권하자마자 곧바로 기업 친화적 개혁을 밀어붙입니다. 해고를 더 쉽게 만드는 노동법 개정, 법인세의 단계적 인하가 대표적이었습니다. 목표는 분명했습니다. 성장을 먼저 살리자는 것이었죠. 기업이 숨을 쉬어야 투자를 하고, 그 투자가 일자리로 이어질 거라는 논리였습니다. 하지만 여기서 시민들의 질문이 시작됩니다.

"기업 세금이 줄어들면, 우리에게는 뭐가 돌아오나요?"

문제는 체감이었습니다. 대기업의 숫자는 좋아졌지만, 가계의 삶은 크게 달라지지 않았습니다. 마크롱은 부의 낙수효과를 믿었

습니다. 위에서 물을 부으면 아래로도 흘러내릴 거라는 생각이었죠. 하지만 현실은 어땠을까요? 컵 위에는 물이 가득 찼는데, 아래 컵은 여전히 비어 있는 느낌이었습니다. 성장은 있었지만, 손에 잡히지 않는 성장, 바로 '체감 없는 성장'이었습니다.

이 불만은 2018년 폭발했습니다. 유류세 인상 계획이 발표되자 상황이 바뀝니다. 시골과 소도시에 사는 서민들이 거리로 나왔습니다. 이른바 '노란 조끼 운동'입니다. 그들은 "당신의 개혁은 미래를 위한 투자일지 몰라도, 우리에게는 당장의 비용입니다."라고 말했습니다. 성장과 효율의 언어는, 생활비에 민감한 사람들에게 불공정의 언어였습니다.

마크롱 정부는 세금을 줄이면서도 사회적 반발을 막기 위해 보조금을 늘렸습니다. 정부 재정으로 볼 때 수입은 줄고, 지출은 늘어납니다. 긴축을 말하던 정부가 거리의 분노 앞에서는 다시 지갑을 여는 모습이 반복됐습니다. '작은 정부'를 꿈꾸며 시작한 개혁은, 결과적으로 더 큰 부채로 이어졌습니다.

마크롱은 이념의 가운데를 선택했지만, 많은 국민에게는 입장이 불분명해 보였습니다. 좌파는 그를 "부자들의 대통령"이라고 불렀고, 우파는 "시장에 대해 지나치게 낙관적인 사람"이라고 비판했습니다. 양쪽 모두에서 신뢰를 잃은 셈입니다. 모두를 만족시키려 한 중도의 실험은, 결과적으로 누구도 완전히 안심시키지 못했습니다. 마크롱의 중도 정치는 해법을 약속했지만, 그 과정에서 프랑스 사회에 남은 것은 '신뢰의 공백'이었습니다.

정치의 중력: 이념의 부재와 정책의 수렴

왜 프랑스 정치에서는 이제 좌와 우의 구분이 잘 안 보일까요? 예전에는 분명 경계가 있었는데, 지금은 서로 다른 진영이 비슷한 말을 쓰는 것처럼 느껴집니다. 좌파는 복지를 말하면서도 "재정은 버터야 합니다"라고 하고, 우파는 성장을 외치면서도 "사회적 연대도 중요합니다"라고 말합니다. 정책의 색이 섞이면서 정치의 중심이 자연스럽게 한가운데로 끌려오는 모습인데, 이걸 흔히 '정치의 중력'이라고 부릅니다. 이념이 약해질수록 모두가 비슷한 자리로 모여드는 현상인 셈입니다.

이념이 사라졌다는 건 무슨 뜻일까요? 단순히 구호가 바뀌었다는 이야기만은 아닙니다. 프랑스 사회가 오랫동안 이어진 갈등에 지쳤다는 신호에 가깝습니다. 예전에는 "국가는 어디까지 개입해야 할까?", "시장은 얼마나 자유로워야 할까?" 같은 질문을 두고 좌우가 치열하게 싸웠습니다. 그런데 지금은 좌파든 우파든 같은 질문 앞에 서 있습니다. "이미 이렇게 커진 부채 구조를, 앞으로 어떻게 감당할 수 있을까?"라는 질문입니다.

양쪽의 답은 점점 비슷해집니다. 세금은 조금만 낮추자, 하지만 복지는 그대로 두자. 재정은 손봐야 하지만, 거리의 반발은 피하자. 정치 철학은 달라도, 도착지는 같아지는 이상한 상황입니다. 예전처럼 "완전히 다른 사회"를 약속하는 대신, 이제는 세율 몇 퍼센트, 지출 항목 몇 개를 조정하겠다는 식의 경쟁이 벌어집니다. 마치 집 가계부를 두고 "이번 달에는 통신비를 조금 줄일까, 식비를 조금 줄일까?"를 놓고 다투는 모습과 비슷합니다. 큰 방향보다는 당장 버티는 관리가 중심이 된 겁니다.

이런 정치는 어느 정도 안정감을 줍니다. 하지만 동시에 상상력을 잃게 만듭니다. 정치는 원래 미래를 설계하는 일인데, 지금은 눈앞의 문제를 봉합하는 데 그치는 경우가 많습니다. 그래서 사람들은 "어떤 가치가 맞느냐" 보다 "누가 나를 더 챙겨줄까?"를 기준으로 투표하게 됩니다. 정당은 신념을 모으는 곳이 아니라, 불만을 관리하는 창구가 됩니다. 정치가 설득의 기술이 아니라, 눈치의 기술이 되는 셈입니다. 결국 이념이 사라진 자리에 무엇이 남을까요? 정책의 수렴입니다. 좌파의 복지와 우파의 감세가 섞이고, 중도는 그 둘을 절충한 안을 내놓습니다. 겉으로 보면 균형 잡힌 것같지만, 속을 들여다보면 방향을 잃은 상태에 가깝습니다.

프랑스의 예산정책은 해마다 크게 달라지지 않습니다. 어느 정부가 들어서도 결과는 비슷합니다. 지출은 잘 줄지 않고, 부채는 조금씩 더 쌓입니다.

"이념이 사라진 정치에서 책임은 누가 지는가?"

정치는 원래 이념의 대립 위에서 굴러갔습니다. 보수와 진보, 시장과 국가, 성장과 분배 같은 축이 정당의 방향을 정했고, 유권자는 "나는 어떤 가치를 더 중요하게 보지?"라고 생각하며 선택할 수 있었죠. 그런데 요즘 정치 풍경을 보면 어떨까요? 정당 사이의 정책 차이는 줄어들고, 이념의 선은 흐려졌으며, 토론은 가치의 충돌보다는 이미지와 감정의 경쟁처럼 보입니다. "누가 옳은가?"보다 "누가 더 호감 가는가?"가 앞서는 느낌입니다.

정치인은 선거에서 이길 수 있는 말을 고르고, 유권자는 당장 체감되는 혜택에 기대게 됩니다. 이 과정에서 책임의 구조는 점점 흐릿해집니다. 이념이라는 기준이 약해지니, 정치는 단기적인 인기와 여론의 파도에 따라 움직이기 쉬워집니다.

어렵고 불편한 개혁은 자꾸 뒤로 미뤄집니다. 재정 건전성이나 세대 간 형평성 같은 문제는 "이건 다음 정부가 알아서 하겠지"라는 말로 넘어가게 됩니다. 정치가 예산을 오늘 하루 기준으로만 쓰다 보니, 장기 계획은 계속 밀리는 셈입니다. 결국 이념이 약해진 정치에서는 "누가 결정했고, 누가 책임질까?"라는 질문에 답하기가 점점 어려워집니다.

이념이 사라진 정치에서, 그 선택의 결과에 대한 책임은 과연 누가 지게 될까요?

- 긍정적 측면 키워드: 극단주의 완화, 유연한 정책 조정, 타협의 가능성, 갈등 완화

- 부정적 측면 키워드: 책임 회피, 포퓰리즘 강화, 정책 일관성 약화, 장기 개혁 지연

프랑스인은 명품을 얼마나 살까?

– 실제로는 '소박한 멋'을 더 좋아한다

프랑스 사람들은 루이비통이나 샤넬백을 기본으로 들고 다닐까?

나는 처음에는 그렇게 생각했다. 명품의 본고장이니, 샹젤리제 거리에는 명품백이 넘쳐날 거라고. 하지만 파리에서 1년을 살아보니 그 고정관념은 완전히 깨졌다. 현실의 파리 시민들은 명품보다 '중저가 브랜드'를 훨씬 더 자주, 더 많이 사용한다. 지하철에서 본 파리지앵의 가방은 대부분 중저가 브랜드였고, 많은 사람들이 가죽이 아닌 천가방을 매고 다녔다.

정작 명품백의 주인은 압도적으로 관광객들이었다. 특히 파리의 대표적인 명품거리인 샹젤리제나 갤러리 라파예트 주변에서는 한 손에 면세점 봉투, 다른 손엔 명품백을 든 사람들을 쉽게 볼 수 있었다.

신발도 화려한 운동화가 아니라 오래 신은 듯한 스니커즈가 대부분이다. 마치 "나는 남에게 보여주려고 옷을 입지 않는다"는 태도가 몸에 배어 있는 듯했다.

프랑스 소비자 통계를 보면, 프랑스인이 연간 가장 많이 소비하는 브랜드는 명품이 아니라 Zara, H&M, Monoprix 같은 중저가·실용 위주의 브랜드다. 명품은 '특별한 날'에 구입하는 경우가 많다. 파리 사람들의 옷장은 화려한 명품 컬렉션이 아니라, 베이직한 옷들로 채워져

샹젤리제 명품거리

있다. 유학생으로 지내면서 나는 프랑스인들의 소비 습관에서 하나의 메시지를 느꼈다.

"멋은 가격이 아니라, 태도에서 나온다."

프랑스인들은 명품을 좋아하지만, 명품이 그들의 일상을 지배하지는 않는다. 자신에게 편안한 옷, 오래 입을 수 있는 디자인, 지나치게 티 나지 않는 깔끔함을 더 중요하게 생각한다. 파리 거리를 걷다 보면, 명품의 본고장이라는 이미지와 다르게 '수수한 멋'을 가진 사람들이 훨씬 더 많았다.

4부

·

산업의 쇠락과
공공의 비대화

8장.
잃어버린 경쟁력
– 제조업의 몰락

산업구조 전환과 노동시장 경직

프랑스는 오랫동안 항공, 철도, 자동차, 에너지 분야에서 제조업 강국이었습니다. 말 그대로 '산업의 나라'였죠. 그런데 21세기에 들어 공장이 하나둘 문을 닫기 시작했습니다. 일자리는 줄고, 젊은 세대는 더 이상 제조업을 꿈의 직장으로 보지 않게 됩니다. 왜 이런 일이 벌어졌을까요? 프랑스 산업은 점점 '임금은 높은데, 생산성은 그만큼 따라오지 못하는' 구조에 빠졌습니다.

이 변화의 출발점은 노동시장의 경직성입니다. 경직성이라는 말은 쉽게 말해 "한번 정해지면 잘 안 바뀌는 구조"라는 뜻입니다.

프랑스의 고용제도는 근로자를 매우 강하게 보호합니다. 해고가
어렵고, 오래 일할수록 퇴직 보상도 커집니다. 일하는 사람 입장에
서는 든든하죠. 그런데 기업 입장에서는 어떨까요? 경기가 나빠져
도 사람을 줄이기 어렵다면, 애초에 사람을 뽑는 것 자체가 부담이
됩니다. 그래서 생긴 역설이 바로 '고용을 보호하려다 보니, 고용
자체를 피하게 되는 상황'입니다.

여기에 비용 문제가 더해집니다. 프랑스에서 기업이 한 사람을
고용하면 월급만 주는 게 아닙니다. 연금, 건강보험, 산재보험, 실
업보험 같은 사회보험료를 함께 부담해야 합니다. 노동자가 받는
월급은 300만 원인데, 기업이 지출하는 총 비용은 435만 원인 식
입니다. 임금 외에 추가로 들어가는 돈, 즉 '비임금 비용'이 그만큼
크다는 뜻입니다. 이런 구조에서 기업이 신규 채용에 적극적이기
어렵다는 건 자연스러운 일입니다.

결국 기업은 선택을 합니다.
"프랑스에서 만들지 말고, 다른 나라에서 만들자."
자동차 회사 르노는 모로코로, 푸조는 슬로바키아로 생산기지
를 옮겼고, 전자업체들은 동유럽이나 아시아를 선택했습니다. 그
결과 프랑스 안에서 만드는 자동차의 수는 크게 줄었습니다. 공장
이 빠져나가면 무엇이 남을까요? 하나는 실업이고, 다른 하나는

복지 지출입니다.

일자리를 잃은 사람을 보호해야 하니 실업수당과 재교육비가 늘어납니다. 그 돈은 어디서 나올까요? 결국 세금입니다. 여기서 악순환이 시작됩니다. 일자리가 줄면 세금이 덜 걷히고, 세금이 덜 걷히면 정부는 빚을 냅니다. 빚이 늘어나면 기업은 "이 나라, 불안한데?"라고 느끼고 투자를 더 줄입니다. 경제학에서는 이런 구조를 '역성장의 재정 루프'라고 부릅니다. 월급이 줄었는데 생활비는 늘어나서 카드 빚으로 버티고, 그 빚 때문에 다시 지출을 줄여야 하는 악순환과 비슷합니다.

산업구조 전환 자체는 나쁜 일이 아닙니다. 세상은 원래 바뀌니까요. 문제는 속도와 순서였습니다. 프랑스에서는 정보통신이나 바이오 같은 신산업이 충분히 자라기도 전에, 기존 제조업이 먼저 무너졌습니다. 중국이나 한국은 디지털 기술을 제조업에 적용해 효율을 높였지만, 프랑스는 규제와 관료주의 때문에 이런 변화가 빠르게 퍼지지 못했습니다.

정부는 '산업정책'이라는 이름으로 기업을 지원했지만, 그 지원은 새로운 성장 산업을 키우기보다, 쇠퇴하는 산업을 겨우 연명시키는 데 쓰인 경우가 많았습니다. 기술은 세계 최고 수준이었지만,

노동시장과 세금 구조가 기업의 발목을 잡았습니다. 생산성보다 협상력이, 효율보다 보호가 우선되는 환경에서 기업은 혁신보다 현상 유지를 택하게 됩니다.

그 결과는 분명했습니다. 성장률은 낮아지고, 실업률은 높아졌으며, 투자는 줄었습니다. 공장은 비어 갔고, 국가는 그 빈자리를 세금과 보조금으로 채웠습니다. 하지만 보조금이 언제까지나 나올 수 있을까요? 이 상황은 저축 없이 지원금으로만 버티는 가정과 비슷합니다. 결국 보조금은 성장의 엔진이 아니라, 그저 시간을 버는 수단에 불과했습니다.

OECD 생산성 지표로 본 하락곡선

OECD 통계를 보면 프랑스의 시간당 노동생산성 수준은 여전히 상위권입니다. 그런데 문제는 높기는 한데, 더 이상 오르지 않고 있다는 것입니다. 프랑스는 바로 이런 상태에 들어섰습니다. 한때는 독일, 네덜란드, 미국과 나란히 생산성이 올라갔지만, 2000년대에 들어서면서 상승 속도가 눈에 띄게 둔해졌습니다.

OECD 기준으로 보면 1990년대에는 프랑스의 생산성이 매년 꽤 빠르게 올랐지만, 2010년 이후에는 거의 제자리걸음을 했습니다. 이건 단순히 경기가 나빠서라기보다, 경제 체질 자체가 성장에 둔감해졌다는 신호에 가깝습니다.

왜 이런 일이 생겼을까요? 가장 먼저 눈에 띄는 곳은 제조업입니다. 프랑스의 자동차, 철강, 기계 산업은 한때 세계 시장에서 경쟁력이 있었습니다. 그런데 2000년 이후 이 분야의 생산성 증가가 거의 멈췄습니다. 반대로 행정, 보건, 교육 같은 공공부문은 계속 커졌습니다. 문제는 이 부문들이 본질적으로 생산성 향상이 쉽지 않다는 점입니다. 교실의 개수가 늘었다고 해서 교육의 질이 높아졌다고 쉽게 얘기하기가 어렵듯이, 공공서비스는 효율을 숫자로 끌어올리는 데 한계가 있습니다. 경제의 중심이 '효율이 잘 오르지 않는 부문'으로 이동한 셈입니다.

OECD는 프랑스 생산성 정체의 이유를 몇 가지로 설명합니다. 첫째는 노동시장 이중구조입니다. 이중구조라는 말은 쉽게 말해 "안정적인 사람과 불안정한 사람이 갈라져 있는 구조"입니다. 정규직은 지나치게 보호받고, 비정규직은 언제든 바뀔 수 있는 상태에 놓여 있습니다. 기업은 장기적으로 사람을 키우기보다 단기 계약을 늘립니다. 이렇게 되면 기술과 노하우가 쌓이기 어렵습니다. 장기 저축 없이 매달 임시 수입으로만 버티는 상황과 비슷합니다.

둘째는 혁신이 퍼지는 속도가 느리다는 점입니다. 프랑스는 대기업의 연구개발 투자는 많습니다. 그런데 그 기술이 중소기업까지 잘 전달되지 않습니다. 국가가 열심히 씨앗을 뿌리지만, 물이 골고루 가지 않는 셈입니다. 혁신이 일부 기업에만 머물고 경제 전체로 확산되지 않으니, 평균 생산성은 잘 오르지 않습니다.

셋째는 경제 구조 변화의 부작용입니다. 고부가가치 산업보다 행정, 유통, 사회서비스 같은 저생산성 부문이 빠르게 커졌습니다. OECD는 이를 두고 "몸집은 큰데, 움직임이 둔한 성장 구조"라고 표현했습니다. 겉으로 보면 프랑스는 여전히 잘 굴러가는 나라처럼 보입니다. 하지만 속도를 내야 할 때 힘을 쓰지 못하는 상태라는 뜻입니다.

이렇게 생산성이 멈추면 어떤 일이 벌어질까요? 생산성이 오르지 않으니 임금을 크게 올리기 어렵습니다. 임금이 정체되면 소비가 줄고, 소비가 줄면 세금도 잘 걷히지 않습니다. 그러면 국가는 어떻게 할까요? 부족한 돈을 빚으로 메웁니다. 결국 생산성 정체는 재정 적자로 이어지는 길을 만듭니다.

더 큰 문제는 비정상적인 상태에 너무 익숙해졌다는 점입니다. 프랑스 사회는 안정적입니다. 당장 크게 무너지지는 않습니다. 하지만 그 안정이 오히려 변화를 막습니다. 정부의 재정 개입은 단기 충격을 줄여 주지만, 동시에 장기 성장의 동력도 잠재웁니다. 국민 은 "아직 괜찮다"고 느끼지만, 세계 경제는 더 빠르게 움직이고 있 습니다.

프랑스의 생산성 곡선은 약해진 산업 체력과 무거운 제도가 함 께 만든 결과입니다. 이 곡선을 따라가다 보면, 왜 독일은 속도를 유지하고 프랑스는 점점 느려졌는지가 조금씩 드러납니다.

독일과의 비교: 질서자유주의 vs 복지자유주의

프랑스와 독일은 같은 출발선에 서 있었습니다. 그런데 시간이 지 나면서 선택은 갈라졌습니다. 독일은 '질서자유주의', 프랑스는 '복 지자유주의'를 택했는데, 쉽게 말하면 독일은 규칙을 세우고 맡기 는 방식, 프랑스는 보호하고 개입하는 방식을 선택한 것입니다.

먼저 독일의 질서자유주의부터 볼까요? 독일은 국가가 시장이 공정하게 돌아가도록 룰만 정하는 역할을 해야 한다고 봅니다. 기 업이 무엇을 만들고 어떻게 경쟁할지는 기업과 시장에 맡깁니다. 따라서, 세금, 노동, 금융 규칙이 자주 바뀌지 않습니다. 독일은 집 구조를 처음부터 단단하게 지어 놓고, 그 안에서 개인이 스스로 살림을 꾸리게 하는 방식입니다. 이런 환경에서는 기업도 "10년 뒤에도 규칙이 크게 안 바뀌겠구나"라고 믿고 장기 투자를 할 수 있습니다.

프랑스의 복지자유주의는 조금 다릅니다. 프랑스는 시장을 그대로 두면 불평등이 커진다고 보고, 국가가 적극적으로 개입해야 한다고 믿습니다. 고용, 임금, 산업 방향까지 국가가 조정하려 듭니다. 독일이 "기업이 일자리를 만든다"고 말한다면, 프랑스는 "국가가 일자리를 책임져야 한다"고 말하는 쪽에 가깝습니다. 이 생각의 차이는 숫자에서도 드러납니다. 프랑스는 공공부문에서 나가는 인건비가 GDP의 12% 수준인데, 독일은 7% 정도입니다. 이 차이는 국가가 얼마나 직접 나서느냐의 차이라고 볼 수 있습니다.

2000년대 초반의 선택은 더 분명합니다. 독일은 '하르츠 개혁'을 통해 노동시장을 유연하게 만들었습니다. 해고와 조정이 쉬워졌고, 임금 협상도 현장에 더 많이 맡겼습니다. 반면 프랑스는 같은 시기에 주 35시간 근무제를 법으로 도입하고, 해고를 더 어렵게 만들었습니다.

결과는 어떻게 됐을까요? 독일은 산업 체질을 바꾸며 생산성을 끌어올렸지만, 프랑스는 단기적인 고용 안정은 얻었어도 장기 경쟁력은 약해졌습니다. 독일은 허리띠를 조이며 체질을 바꿨고, 프랑스는 당장의 생활비를 지켜주는 데 집중한 셈입니다.

기업문화도 다르게 굳어졌습니다. 독일 기업은 노조와 경영진이 끊임없이 협상하며 생산성을 높이는 구조입니다. 부딪히기보다는 조정하는 방식이 익숙합니다. 반면 프랑스에서는 노사가 자주 대립하고, 갈등이 생기면 정부가 개입해 해결하려 합니다. 노조는 정부를 압박하고, 정부는 세금이나 부채로 그 요구를 받아줍니다. 시장에서 풀릴 문제를 정치가 대신 떠안는 구조가 만들어집니다.

산업정책에서도 차이는 분명합니다. 독일 정부는 심판처럼 규칙을 관리하지만, 프랑스 정부는 선수처럼 직접 뛰어듭니다. 정부가 기업의 주주가 되거나, 산업 전략을 직접 정합니다. 처음에는 안정적으로 보이지만, 이런 개입이 길어질수록 시장의 자율성과 효율은 떨어집니다. 프랑스 산업이 예전처럼 혁신의 선두에 서지 못하는 이유도 여기에 있습니다.

독일은 시장이 효율을 만든다고 믿었고, 프랑스는 국가가 공정을 만든다고 믿었습니다. 하지만 세계화가 빨라질수록 공정을 유지하는 비용은 점점 커졌습니다. 프랑스는 공공부문이 커진 대신 산업은 줄었고, 독일은 산업을 지키면서 재정 부담을 관리했습니다. 같은 출발선에서 시작했지만, 두 나라의 성장률과 실업률 곡선이 전혀 다른 이유는 바로 이 선택의 차이에 있습니다.

프랑스, 독일, 한국, 미국의 생산성 추이

2008년 금융위기 이후 세계 경제는 여러 번 크게 흔들렸지만, 나라별 생산성의 궤적은 꽤 달랐습니다. 생산성이라는 건 한 사람이 같은 시간 동안 얼마나 많은 가치를 만들어내느냐를 보는 지표인데, 쉽게 말하면 같은 시간 일해서 얼마나 효율적으로 벌었느냐를 보는 기준입니다.

프랑스와 독일은 늘 OECD 상위권에 이름을 올려 왔습니다. 시간당 GDP 기준으로 보면 "유럽에서는 잘하는 편"이라는 말이 어색하지 않습니다. 미국은 이 네 나라 중에서 항상 가장 높은 생산성을 기록해 왔습니다. 반면 한국은 출발선이 훨씬 낮았습니다. 하지만 첨단 산업을 키우고 경제 구조를 바꾸면서 지난 15년 동안 꾸준히 생산성을 끌어올렸습니다. 그럼에도 2023년 기준으로 보면 한국의 생산성은 프랑스·독일·미국의 약 30~40% 수준에 머물러 있습니다. 따라잡고는 있지만, 격차는 여전히 크다는 뜻입니다.

프랑스의 생산성은 2008년 시간당 약 67달러에서 2023년에는 77달러 수준으로 올랐습니다. 크게 뛰지는 않았지만 천천히 상승한 셈입니다. 다만 코로나19 이후에는 이 상승세가 눈에 띄게 둔화됐습니다. 유럽 상위권이라는 위치는 유지하고 있지만, "이제 더 오를 힘이 남아 있나?"라는 질문이 나오기 시작한 이유입니다. 독일은 금융위기 직후 잠시 흔들렸지만, 이후 다시 회복해 2023년에는 시간당 약 82달

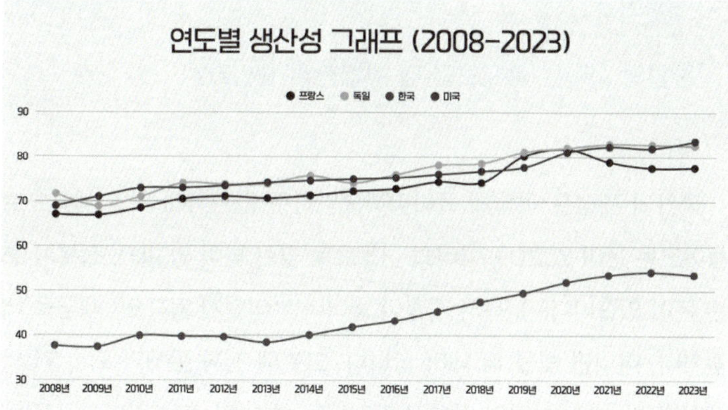

연도별 생산성 그래프 (2008 - 2023)

러까지 올라섰습니다. 프랑스를 앞선 수치입니다. 제조업과 기술, 그리고 숙련된 노동력을 바탕으로 80달러 이상을 안정적으로 유지하고 있습니다. 미국은 이 흐름에서 가장 눈에 띕니다. 2008년 약 69달러였던 생산성이 2023년에는 83달러까지 올라갔습니다. 네 나라 중 가장 높은 수준입니다. 더 중요한 건, 위기 이후에도 비교적 꾸준한 증가세를 유지했다는 점입니다. 선진국 가운데서도 이런 흐름은 드뭅니다. 미국은 기술·플랫폼·혁신 산업을 통해 생산성을 계속 밀어 올린 셈입니다.

국가의 재정은 어떻게 돌아갈까요? 아주 단순하게 보면 세금으로 들어오는 돈이 있고(+), 나라의 신용으로 빌린 빚이 있고(+), 정부가 쓰는 돈이 있습니다(−). 복지 지출이 늘어나면 어떻게 될까요? 세금을 더 걷거나, 아니면 빚을 더 내야 합니다. 그런데 진짜 문제가 되는 건 언제일까요? 바로 산업이 약해질 때입니다. 산업이 흔들리면 세금 자체가 줄어들기 때문입니다. 산업은 일자리와 임금을 만들고, 기업 활동을 통해 나라의 세금을 만들어 줍니다.

그럼 복지와 산업 중에서 뭐가 더 중요할까요? 복지는 정책으로 조정할 수 있습니다. 하지만 산업이 쇠락하면 이야기가 달라집니다. 기업이 떠나고 일자리가 줄면, 세금은 자연스럽게 줄어듭니다.

산업은 경제의 '엔진'이고, 복지는 '안전망'이라고 할 때, 무엇이 먼저일까요? 엔진이 멈춘 차에 아무리 튼튼한 안전벨트를 달아도 앞으로 나아갈 수 있을까요? 반대로, 성능 좋은 엔진이 있어도 안전망이 없다면 사회는 얼마나 불안해질까요?

- 산업지원 우선 키워드: 세수 기반 유지, 일자리 창출, 장기 성장률, 국가 경쟁력

- 복지지원 우선 키워드: 빈부 격차 완화, 사회 안정, 기회 평등, 고령화 대응

9장.
고용의 딜레마
– 생산성 낮은 복지국가

35시간 노동제의 명암

프랑스의 35시간 노동제의 출발점은 꽤 단순한 질문이었습니다.

"일하는 시간을 나누면, 모두가 일할 수 있지 않을까?"

정부는 이렇게 말했습니다. 노동시간을 줄이면 기업이 사람을 더 뽑게 될 거라고요. 하루 8시간, 주 5일로 돌아가던 주 40시간 근무를 주 35시간으로 제한하는 법이 만들어졌습니다. 그 결과 프랑스는 세계에서 법정 노동시간이 가장 짧은 나라 중 하나가 됩니다. 초반 분위기는 나쁘지 않았습니다. 노동자들은 시간의 여유를 되찾았다고 했고, 정부는 일자리 30만 개가 생길 것이라고 기대했습니다. 하지만 시간이 지나면서 질문이 하나둘씩 쌓이기 시작했습니다.

문제는 비용이었습니다. 기업들은 늘어난 인건비를 감당하기가 쉽지 않았습니다. 새 사람을 뽑기보다는 기계를 들이거나, 외주로 돌리는 선택을 하기 시작했습니다. 일자리를 나눈다는 선의의 정책이, 어느 순간 일자리를 줄이는 결과로 이어진 셈입니다. 같은 월급을 주는데 일하는 시간이 줄어들면, 시간당 인건비는 올라갑니다. 생산성이 같이 오르지 않으면, 부담은 고스란히 기업에 남습니다.

일부 기업은 줄어든 시간을 메우기 위해 초과근무 수당을 지급했고, 또 다른 기업은 단기계약직을 늘렸습니다. 법의 취지는 삶의 질을 높이자는 것이었지만, 현실에서는 비정규직 확산과 기업 경쟁력 약화라는 그림자가 함께 따라왔습니다. 결국 35시간제는 노동자를 보호했지만, 노동의 가격을 끌어올린 정책이 된 셈입니다.

이 제도가 더 흥미로운 이유는 프랑스 사회의 가치 선택을 그대로 보여주기 때문입니다. 노동은 더 이상 "얼마나 많은 가치를 만드느냐"의 문제가 아니라, "삶의 균형을 어떻게 지키느냐"의 문제가 되었습니다. 사람들은 저녁이 있는 삶을 원했고, 국가는 그 바람을 제도로 옮겼습니다. 분명 더 여유로운 사회가 된 것은 사실입니다. 하지만 동시에 덜 생산적인 사회가 된 것도 부인하기 어렵습니다. 이 과정에서 노동을 바라보는 시선도 갈라졌습니다. 노동자는 "일은 삶을 위한 수단일 뿐"이라고 느꼈고, 기업은 "일의 의미와 동력이 사라졌다"고 말했습니다. 이렇게 노동은 성장의 엔진이라기보다, 모두가 조심스럽게 합의해야 하는 사회적 균형의 영역으로 옮겨간 셈입니다.

높은 청년 실업의 구조적 원인

프랑스의 청년 실업률은 경제가 좋아질 때도, 위기가 올 때도 크게 움직이지 않았습니다. 2020년대에 들어서도 청년 다섯 명 중 한 명은 일자리를 찾지 못하고 있습니다. 왜 프랑스의 청년 실업은 이렇게 끈질길까요?

첫 번째 이유는 노동시장에 들어가는 문턱이 너무 높기 때문입니다. 프랑스의 노동법은 근로자를 강하게 보호합니다. 해고가 어렵다는 뜻인데, 이건 일하는 사람에게는 안정감을 주지만 기업에게는 부담입니다. 기업 입장에서는 이렇게 생각하게 됩니다. "한 번 뽑으면 쉽게 내보낼 수 없다면, 처음부터 안 뽑는 게 낫지 않을까?" 그 결과 청년들은 정규직이 아니라 단기 계약직이나 인턴으로 사회에 첫발을 디딥니다. 문제는 이런 계약들이 짧다는 점입니다. 몇 달, 길어야 1년이 지나면 계약은 끝나고, 다시 실업 상태로 돌아옵니다. 마치 회전문처럼 들어갔다가 나오는 구조입니다. 이를 '회전문 고용'이라고 부르는 셈입니다.

두 번째 이유는 학교와 일자리 사이의 연결이 약하다는 점입니다. 프랑스의 대학과 직업교육은 이론 중심입니다. 시험은 잘 보지만, 현장에서 바로 써먹을 기술은 부족하다는 평가를 받습니다. 특히 중소기업에서는 이런 말이 나옵니다.

"젊은 인재는 많은데, 바로 일을 맡기기는 어렵다."

기업의 눈에 프랑스 청년은 '아직 준비가 덜 된 노동력'으로 보이는 경우가 많습니다. 비유해 보면, 운전면허 필기시험은 통과했는데 실제 도로 운전 경험은 거의 없는 상태와 비슷합니다. 반면 독일은 학교와 기업을 오가며 배우는 제도가 있어, 졸업과 동시에 바로 일할 수 있는 준비가 되어 있습니다.

세 번째 이유는 복지제도가 가진 역설입니다. 프랑스의 실업급여와 사회보조금은 유럽에서도 매우 관대한 편입니다. 일정 기간 일한 사람은 일을 그만두어도 최대 2년 가까이 이전 급여의 상당 부분을 받을 수 있습니다. 이 제도는 분명 중요한 안전망입니다. 하지만 동시에 이런 생각을 낳기도 합니다.

"불안정한 일자리에서 고생하느니, 차라리 실업급여를 받는 게 낫지 않을까?"

힘들게 아르바이트를 해서 조금 더 버는 것보다, 조건만 맞으

면 안정적으로 지원금을 받는 쪽이 더 편해 보이는 상황과 비슷합
니다. 경제학자들은 이런 현상을 '복지의 도덕적 해이'라고 부릅니
다. 열심히 일자리를 찾는 것보다, 제도를 활용하는 선택이 경제적
으로 합리적으로 보이는 순간이 생긴다는 뜻입니다.

여기에 지역 격차까지 겹칩니다. 일자리는 파리나 리옹같은 일
지리에 몰려있고, 북부나 남서부 지역은 공장이 닫히고 기업이 빠
져나가 일자리가 거의 없습니다. 청년들은 도시로 가고 싶어 하지
만, 문제는 집값과 생활비입니다. 일자리가 있는 곳은 너무 비싸
고, 살 수 있는 곳에는 일이 없습니다. 그래서 지방의 청년은 '일자
리는 없지만 안정적인 상태'에 머물고, 도시의 청년은 '기회는 있지
만 안정 없는 경쟁' 속에 놓이게 됩니다.

결국 프랑스의 청년 실업은 단순한 숫자가 아닙니다. 일할 기
회를 얻지 못한 청년은 세금을 내지 못하고, 그 부담은 일하는 세
대에게 넘어갑니다. 복지국가는 더 많은 사람을 품으려 하지만, 그
무게가 커질수록 구조는 점점 흔들립니다. 프랑스의 청년 실업은
바로 이 세대 간 불균형이 쌓여 만들어진 결과인 셈입니다.

고용률 및 청년실업률 그래프(2018~2024)

고용률은 한 나라 경제가 얼마나 건강한지를 보여주는 대표적인 신호입니다. 프랑스의 고용률은 겉으로만 보면 괜찮아 보입니다. 2018년 이후 꾸준히 성장하고 있습니다. 그런데 청년층, 특히 15세~21세 고용률을 보면 이야기가 완전히 달라집니다. 기성세대의 일자리는 아주 단단하게 보호되는데, 청년들은 노동시장 밖에서 계속 맴도는 구조가 만들어져 있습니다. 그 결과 프랑스의 청년실업률은 OECD 평균보다 높고, 유럽 주요국 가운데서도 늘 상위권입니다. 최근 5년을 기준으로 보면 프랑스 청년실업률은 17~20% 수준인데, 독일이나 한국의 두 배가 넘습니다.

독일은 분위기가 다릅니다. 팬데믹 직후에도 유럽에서 가장 빨리 회복한 나라 중 하나였습니다. 그 배경에는 단축근로 유지 제도가 있습니다. 일이 줄어들어도 해고 대신 근무시간을 줄이고 국가가 일부 임금을 보전해 주는 방식입니다. 덕분에 고용 충격이 크지 않았고, 2022~2024년에도 고용률은 78~80%대에서 안정적으로 유지됐습니다. 위기 상황에서도 사람을 먼저 지킨다는 제도가 실제로 작동한 사례인 셈입니다.

한국을 보면 또 다른 그림이 나옵니다. 한국의 고용률은 2018년 이후 꾸준히 올라 2024년에는 70%에 가까워졌습니다. 제조업과 서비스업이 동시에 구조조정을 겪는 와중에도 여성과 고령층의 고용이 늘

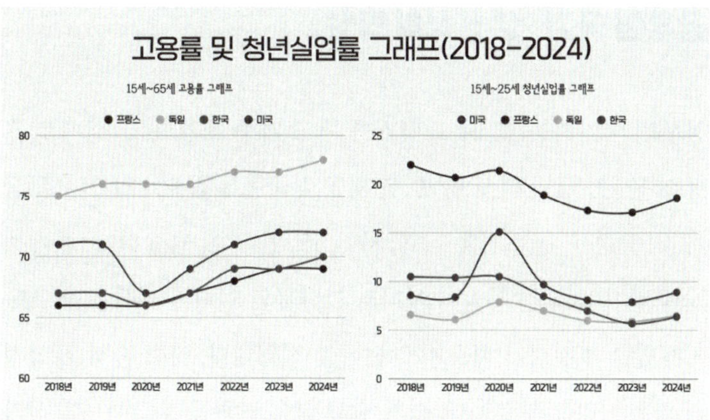

고용률 및 청년실업률 그래프(2018 – 2024)

어나 전체 고용률을 끌어올렸습니다. 다만 청년층만 놓고 보면 회복 속도가 느린 편입니다. 일자리는 늘었지만, 그 자리에 청년이 바로 들어가지는 못하는 구조라는 뜻입니다.

미국은 어떨까요? 팬데믹 초기에 고용률이 크게 떨어졌던 나라가 바로 미국입니다. 하지만 회복 속도는 네 나라 중 가장 빨랐습니다. 2022년 이후 정부의 대규모 재정지출과 강한 소비 회복이 이어지면서 고용률은 다시 72% 수준까지 올라섰습니다.

이 그래프가 말해주는 핵심은 단순합니다. 고용률 하나만 봐서는 안 되고, 누가 일하고 누가 일하지 못하는지를 함께 봐야 합니다. 특히 프랑스의 경우, 전체 고용률이 나쁘지 않아 보여도 청년층이 구조적으로 배제되어 있다는 점이 가장 큰 경고 신호라고 할 수 있습니다.

공무원 국가, 생산성의 역설

공무원 국가라는 말, 왜 프랑스를 두고 자주 쓰일까요? 실제로 프랑스에서는 국민 다섯 명 중 한 명꼴로 공공부문에서 일합니다. 국가·지방정부·공기업을 다 합치면 550만 명이 넘습니다. 문제는 "공무원이 많다"는 사실이 아니라 그만큼의 인력과 예산을 쓰고도, 기대만큼의 결과가 나오지 않는다는 점입니다. 이걸 흔히 '생산성의 역설'이라고 부르는데, 쉽게 말해 많은 인력을 투입했는데 성과가 덜 나오는 상황인 셈입니다.

프랑스의 공공부문은 원래 자부심의 상징이었습니다. 교육, 의료, 교통, 행정을 국가가 직접 맡아 "누구나 같은 서비스를 받게 하자"는 이상을 실천해 왔습니다. 19세기 말부터 공무원은 '공화국의 봉사자'라고 불렸고, 그 이름엔 존경이 담겨 있었습니다. 그런데 시간이 지나면서 분위기가 달라졌습니다. 봉사라는 말보다는 "절대 해고되지 않는 안정된 신분"이 더 강조되기 시작한 겁니다. OECD 기준으로 보면 프랑스의 공공부문 임금 지출은 GDP의 약 12%입니다. 독일이나 일본, 한국보다 훨씬 높은 수준이죠.

프랑스 행정은 왜 이렇게 느릴까요? 이유는 구조에 있습니다. 인력과 예산이 늘어나면 당연히 시스템이 더 튼튼해질 것 같지만,

실제로는 반대가 되는 경우가 많습니다. 같은 허가 하나를 받는 데도 중앙정부, 지방정부, 공기업이 각각 다른 서류와 절차를 요구합니다. 일은 세 배로 늘어나는데, 책임은 여기저기 흩어집니다. 돈을 쓰는 사람은 많은데 "이 지출은 누가 책임지지?"라고 물으면 아무도 명확히 답하지 않는 상황입니다. 이것을 행정학에서는 '관료적 중복'이라고 부릅니다.

더 어려운 문제는, 이 비효율이 우연이 아니라 정치적 선택의 결과라는 점입니다. 어느 정부도 공공부문을 과감하게 줄이지 못했습니다. 왜일까요? 공무원은 조직력이 강한 투표집단이고, 지방정부의 일자리 정책도 공공채용에 크게 의존하기 때문이죠. 공공부문을 줄이자는 개혁은 표를 잃을 가능성이 큰 정책이고, 현 상태를 유지하는 쪽이 선거에서는 더 안전합니다. 결국 프랑스의 공공부문은 효율의 논리보다 정치의 논리로 커져 왔다고 볼 수 있습니다.

공공부문이 커질수록 민간의 활력은 줄어듭니다. 정부가 세금과 부채로 직접 일자리를 만들면, 기업이 스스로 일자리를 만들 여지는 줄어듭니다. 국가는 시민을 보호하려고 나섰지만, 그 과정에서 시장의 성장 가능성과 개인의 자율성까지 함께 깎아 먹는 셈이 됩니다. 안전망을 넓히려다, 엔진의 힘을 약하게 만든 상황이라고 할 수 있겠죠.

"국가가 일자리를 지속가능하게 만들 수 있는가?"

국가가 일자리를 만든다고 할 때, 그 일자리는 얼마나 오래 갈 수 있을까요? 정부는 경기가 나쁠 때마다 경기 부양책을 쓰고, 고용 보조금을 주고, 공공 일자리를 늘려 왔습니다. 당장은 실업자가 줄어든 것처럼 보이고, 숫자도 좋아 보입니다. 그런데 이 일자리는 시간이 지나도 계속 유지될 수 있을까요?

그렇다고 국가의 역할이 필요 없다는 뜻일까요? 꼭 그렇지는 않습니다. 경제가 급격히 나빠지거나 산업 구조가 한꺼번에 흔들릴 때, 공공부문은 버팀목이 됩니다. 민간 기업이 사람을 뽑지 않을 때, 국가가 일자리를 지켜주지 않으면 실업과 불안이 한꺼번에 터질 수 있습니다. 이럴 때 공공 일자리는 안전망 역할을 합니다. 말 그대로 "완충 장치"인 셈입니다.

국가는 일자리를 '만들 수는' 있지만, 그걸 '지속가능하게 유지할 수 있을까요?' 아니면 진짜 일자리는 결국 시장과 산업 경쟁력, 즉 기업이 살아 움직이는 환경에서 나오는 걸까요?

- 정부역할 강조 키워드: 단기 고용 창출, 사회 안전망 강화, 경제 위기 대응 능력

- 산업·시장 중심 키워드: 정책 의존성 증가, 재정 부담 확대, 산업 경쟁력, 지속 가능성

지방정부의 독립과 행정의 중첩

프랑스의 지방 행정 구조를 보면 먼저 이런 질문이 떠오릅니다. "왜 이렇게 정부가 많을까?" 프랑스에는 3만 4천 개가 넘는 코뮌, 그 위에 데파르트망, 또 그 위에 레지옹까지 층층이 쌓여 있습니다. 원래 취지는 좋았습니다. 국민이 더 가까운 곳에서 행정을 느끼고, 민주주의를 실감하게 하자는 생각이었죠. 그런데 시간이 지나면서 '가까운 행정'은 어느새 '비싼 행정'이 된 셈입니다.

인구 1천 명도 안 되는 작은 코뮌마다 시장과 공무원이 있고, 쓰레기 수거, 복지, 도로 관리 같은 비슷한 일을 각자 반복합니다. 옆 마을과 쓰레기차 하나만 같이 써도 될 텐데, 행정 경계가 다르다는 이유로 따로 굴리는 식입니다. 행정은 촘촘해졌지만, 비용도 함께 불어났습니다.

1982년의 드페르 법은 이런 구조를 바꿔보겠다는 시도였습니다. 중앙이 쥐고 있던 권한을 지방으로 내려보내 "지방의 자율"을 키우겠다는 분권 개혁이었죠. 그런데 여기서 문제가 생깁니다. 권한은 나눠줬지만, 돈은 충분히 나눠주지 않았다는 점입니다. 지방정부는 스스로 벌어들이는 세입보다는 중앙정부의 교부금에 기대게 되었고, 자율은 책임 없는 자유로 바뀌었습니다. 각 지역의 시장들은 자기 영역을 지키는 데 집중했고, 행정의 기준은 효율보다 '자리를 유지하는 논리'가 되었습니다.

　이 구조에서는 책임 소재가 모호해 집니다. 정책은 중앙에서 정하고, 집행은 지방에서 합니다. 예산은 중앙 이전금에 의존하지만, 실패의 책임은 누구도 명확히 지지 않습니다. "누가 결정했나?"보다 "누가 책임질 건가?"라는 질문에 답하기 어려운 구조가 굳어진 셈입니다. 겉으로 보면 지방은 독립적인 것 같지만, 실제로는 절반 이상을 중앙정부 예산에 의존하는 묘한 관계입니다.

　이 복잡한 체계는 민주주의의 성과처럼 보이기도 합니다. 하지만 안으로 들어가 보면 미로에 가깝습니다. 중앙정부, 지방정부, 공기업, 공공기관이 서로 영역을 겹쳐 운영합니다. 도청이 복지센터를 만들면, 코뮌도 비슷한 프로그램을 또 만듭니다. 전력, 철도, 주택 같은 공공부문은 시장처럼 움직이는 척하지만 손실은 결국 세금으로 메워집니다. 이때 행정의 목표는 시민 서비스가 아니라 조직의 존속으로 바뀌기 쉽습니다. 조직을 유지하는 것이 목적이 되는 순간, 효율은 뒷전으로 밀립니다.

　2010년대 이후 프랑스는 테리토리 개혁이라는 이름으로 행정 구조를 정리하려 했습니다. 코뮌을 묶어 공동체나 메트로폴을 만들고, 규모의 경제를 노렸습니다. 하지만 실제로 효과가 있었던 곳은 대도시 주변에 한정됐습니다. 농촌의 작은 시청들은 여전히 각자의 행정을 고집했고, 지역주의의 힘은 구조 개혁보다 강했습니다. 중앙의 규제는 줄지 않았고, 지방의 기구만 늘어났습니다.

결국 프랑스는 '지방의 독립'을 얻은 것이 아니라 '중앙의 그림자 예산'을 얻게 된 셈입니다. 소수의 시민을 위해 여러 겹의 정부가 존재하는 구조 속에서, 행정은 점점 더 많은 서류와 절차로 채워졌습니다.

관료의 제국
– 보이지 않는 정부의 탄생과 자가증식

프랑스 행정은 겉으로 보면 대통령과 국회가 국가를 이끄는 것처럼 보입니다. 하지만 실제로 정책을 설계하고, 예산을 나누고, 제도를 굴리는 쪽은 따로 있습니다. 흔히 말하는 '보이지 않는 정부', 즉 관료 조직입니다.

정치인은 방향을 말합니다. 그런데 그 방향으로 얼마나 빨리, 얼마나 멀리 갈지는 관료 조직이 정합니다. 학자들은 관료를 '정부의 정부'라고 부릅니다. 대통령이 바뀌어도 정책의 속도와 형식이 크게 달라지지 않는 이유가 여기에 있습니다. 정치는 교체되지만, 행정은 그대로 남아 있기 때문입니다.

프랑스의 관료제는 특히 오래되고 단단합니다. 행정고등학교, 그랑제꼴을 중심으로 형성된 엘리트 관료 집단은 수십 년 동안 국가 운영의 핵심을 맡아 왔습니다. 졸업생들은 부처의 고위직, 공기업의 수장, 대통령 보좌진으로 이동합니다. 정권이 바뀌어도 이 네트워크는 그대로 유지됩니다. 비유하자면, 주인이 몇 번 바뀌어도 집 구조와 설계도는 그대로 남아 있는 상황과 비슷합니다.

관료들은 자신들만의 언어와 기준으로 행정을 굴립니다. 법안 초안, 예산안, 행정 지침은 대부분 관료 손에서 만들어집니다. 정치인은 결재를 하지만, 실제 내용은 이미 정해져 있는 경우가 많습니다. 그래서 국가의 주인은 국민인데, 정작 국민은 관료 조직이 만든 규칙에 따라 움직이는 처지가 됩니다. 주권자는 시민이지만, 일상에서는 관료의 지배를 받는 셈입니다.

이 관료의 제국이 오래 유지되는 이유는 구조가 매우 안정적이기 때문입니다. 위계가 분명하고, 동문 네트워크는 끈끈하며, 인사는 내부 승진 중심입니다. 이런 구조는 일관성을 만들지만, 동시에 변화를 막습니다. 새로운 정책이 나와도 기존 절차를 거의 건드리지 않는 선에서만 허용됩니다. 틀을 흔드는 개혁은 시스템 안에서 자연스럽게 걸러집니다.

관료들은 스스로를 이렇게 생각합니다. "정치와 시민의 감정이 충돌할 때, 그 사이를 잡아주는 균형추다." 그래서 "정치는 잠깐이지만 행정은 영원하다"라는 말이 일종의 신념처럼 자리 잡았습니다. 실제로 대통령이 바뀌어도 행정의 큰 흐름은 거의 달라지지 않습니다. 행정 조직은 나라를 지탱하는 뼈대이면서, 동시에 스스로를 보호하는 갑옷이 됩니다.

문제는 그다음입니다. 누가 책임을 질까요? 정책이 실패해도 책임지는 사람이 잘 보이지 않습니다. 장관은 서명만 했다고 말하고, 국장과 과장은 설계만 했다고 말하며, 집행은 지방의 문제라고 넘깁니다. 국회는 정부를 탓하고, 정부는 부처를, 부처는 지방을 탓합니다. 돈이 새는데 누구도 "이 지출은 내가 결정했다"고 말하지 않는 상황입니다.

이 과정에서 조직은 스스로 커집니다. 예산이 늘어나면 부서가 늘고, 부서가 늘어나면 더 많은 예산이 필요해집니다. 나무가 열매보다 가지를 키우는 모습과 비슷합니다. 정부는 점점 더 복잡해지고 무거워지지만, 시민이 체감하는 변화는 크지 않습니다.

프랑스 시민들 사이에서는 이런 말이 나옵니다. "정치는 바뀌는데, 관료는 변하지 않는다." 정치의 속도가 느려지고, 관료 조직의 벽이 두꺼워질수록 변화의 힘은 약해집니다. 관료의 제국은 눈에 보이지 않지만, 프랑스 재정과 정책을 움직이는 가장 강한 힘으로 남아 있습니다.

공공부문 고용비율

프랑스에서는 전체 일하는 사람 가운데 약 21.7%가 공공부문에서 일합니다. OECD 평균보다 훨씬 높은 수치인데, 이건 단순히 공무원이 많다는 뜻이 아니라 의료·교육·복지·행정처럼 국가가 직접 책임지는 서비스 범위가 그만큼 넓다는 의미입니다.

그럼 다른 나라는 어떨까요? 독일은 약 11.3%, 한국은 8.5%, 미국은 14.7% 수준입니다. 프랑스에 비하면 훨씬 '작은 정부'를 운영하는 셈입니다.

겉으로 보면 이건 "정부가 사람을 얼마나 많이 고용하느냐"의 문제처럼 보입니다. 하지만 조금 더 들어가 보면, 사실은 "사회 문제를 시장에 맡길까, 아니면 정부가 직접 해결할까?"라는 국가의 선택이 숫자로 드러난 결과입니다.

프랑스를 보면 왜 공공부문 비중이 높은지 이해가 됩니다. 복지국가 전통이 강해서 돌봄, 교육, 의료 같은 사회서비스를 국가가 직접 책임지려 합니다. 그러다 보니 자연스럽게 공공·사회서비스 중심의 고용이 늘어난 셈입니다.

독일은 방향이 다릅니다. 제조업 중심의 경제 구조를 유지하면서, 민간 부문이 일자리의 중심을 맡고 있습니다. 국가는 규칙을 만들고 조정하는 역할에 더 집중합니다. 한국은 공공부문 고용은 작고, 민간

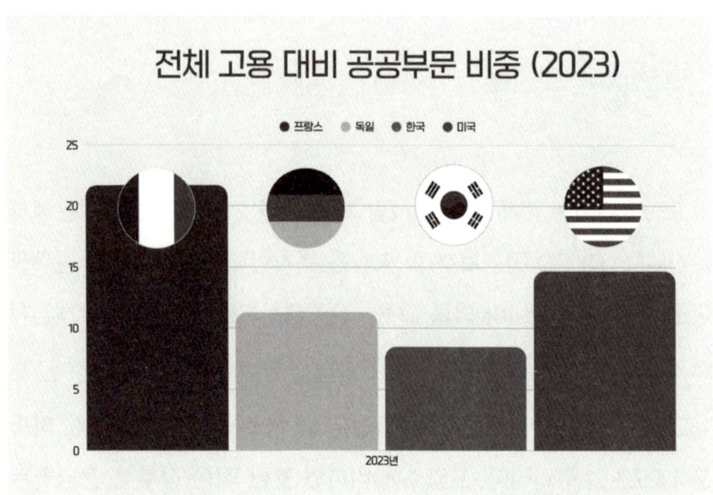

전체 고용 대비 공공부문 비중(2003)

이 경제를 이끄는 구조입니다. 성장과 효율을 중시하는 대신, 공공서비스는 상대적으로 압축적으로 운영해 왔다고 볼 수 있습니다. 미국은 그 중간쯤입니다. 연방정부보다는 지방정부가 공공서비스를 많이 담당하면서, 전체적으로는 중간 수준의 공공부문 고용 비율을 유지하고 있습니다.

파리 지하철은 왜 그렇게 지저분한가?

예쁜 도시, 그런데 지하철만 타면 충격?

파리에 처음 도착해 센 강을 따라 걸을 때, 나는 이 도시가 '예술의 수도'라는 말이 과장이 아니라는 걸 느꼈다. 빛나는 에펠탑, 고풍스러운 건물, 길거리마다 놓여 있는 조각 작품들. 하지만 파리 지하철역 계단을 내려가는 순간, 감동은 순식간에 증발해 버렸다.

"어… 냄새가 조금…?"

파리 지하철은 솔직히 말하면, 지저분하다. 플랫폼 바닥은 여기저기 얼룩져 있고, 쓰레기통은 늘 넘칠 듯 가득 차 있으며, 오래된 전철은 덜컹거리며 소리를 냈다. 무엇보다 특유의 냄새가 있다. '역사 속에서 갇혀 있던 공기' 같은 냄새가 난다.

한국의 깨끗하고 조용한 지하철에 익숙했던 나는 조금 놀랐다. 왜 파리 지하철은 이렇게 상태가 좋지 않을까? 가장 큰 이유는 관료주의다. 파리 대중교통은 공공기관 특유의 느린 의사결정, 복잡한 규정, 노조의 강한 영향력 때문에 작은 수리도 오래 걸린다. 새 시스템을 도입하거나 유지보수 방식을 바꾸는 데도 시간이 아주 오래 걸린다. 또한 지하철 역사 대부분이 100년이 넘은 만큼, 새롭게 공사를 하기도 쉽지 않다. 예술과 건축 분야에서는 세계적인 국가지만, 지하철 관리만큼은 한국보다 훨씬 뒤쳐진다고 생각한다.

파리의 지하철 역사

　한국에서는 지하철이 1분만 늦어도 불평이 쏟아지고, 운영 지연에 대한 사과 방송이 나온다. 파리에서는 10분 지연은 거의 일상이고, 30분 지연도 흔하다. 어떤 날은 1시간 넘게 지하철이 오지 않아도 모두 담담하게 받아들인다.

5부

·

프랑스의
연금개혁

숫자는 답을 알고,
사회는 고개를 젓는다

10장.
제도와
시간

'정치적 자살'이 된 연금개혁

프랑스 연금제도는 "오늘 일하는 세대가 돈을 내면, 그 돈으로 어제 일했던 세대의 노후를 책임진다"는 약속에도 출발했습니다. 우리나라처럼 미리 돈을 차곡차곡 쌓아 두는 방식이 아니라, 해마다 걷고 해마다 나눠 주는 구조입니다. 이 제도의 상태는 통장에 얼마가 남아 있느냐보다, "지금 일하는 사람이 얼마나 많고, 은퇴한 사람은 앞으로 얼마나 오래 살까?"에 달려 있는 셈입니다.

이 구조는 한때 거의 완벽해 보였습니다. 전쟁이 끝난 뒤 베이비붐 세대가 대거 일터로 나왔고, 경제는 빠르게 성장했으며 임금도 계속 올랐습니다. 1960~70년대에는 연금을 받는 한 사람을 위해 여러 명의 노동자가 기여금을 냈습니다. 마치 한 집에 돈 버는 사람이 여럿 있고, 부양해야 할 어른은 한 분뿐인 상황과 비슷했다고 볼 수 있습니다. "지금 열심히 일하면, 노후는 국가가 책임진다"는 믿음은 이렇게 프랑스 사회의 핵심 약속이 되었습니다.

그런데 인구와 경제가 이 약속을 지키기 어려운 방향으로 움직이기 시작하면서 문제가 생겼습니다. 아이는 점점 덜 태어나고, 사람들은 훨씬 오래 살게 되었습니다. 예전에는 노동자 세 명이 은퇴자 한 명을 떠받쳤다면, 이제는 두 명이 한 명을, 앞으로는 거의 1대1에 가까워질 것이라는 전망까지 나옵니다. 예전에는 월급 받는 사람이 셋이고 용돈을 드려야 할 어른이 한 분이었는데, 이제는 버는 사람 한 명이 같은 부담을 떠안게 되는 상황입니다.

수학적으로 보면 답은 아주 단순하지 않을까요? 이 연금제도가 유지되려면 셋 중 하나를 선택해야 합니다. 더 오래 일하게 하거나, 더 많이 내게 하거나, 덜 받게 하거나. 문제는 이 단순한 계산이 프랑스 정치의 현실에 들어오는 순간, 전혀 다른 문제가 된다는 점입니다.

프랑스에서는 연금개혁을 '정치적 자살'이라고 부릅니다. 연금을 손보겠다고 나선 정부는 거의 예외 없이 대규모 시위와 파업, 그리고 지지율 급락을 겪었습니다. 연금이 단순한 노후 소득 제도가 아니기 때문입니다. 프랑스에서 연금은 "평생 일한 대가를 국가는 반드시 보장한다"는 사회계약의 상징에 가깝습니다. 정부가 연금을 조정하겠다는 말은, 국민에게 "우리가 맺은 계약을 당신에게 불리하게 다시 쓰자"고 말하는 것처럼 들리는 셈입니다.

이 때문에 많은 정부가 연금개혁의 필요성을 알고도 주저했습니다. 방향은 이미 정해져 있는데, 그 방향으로 한 걸음만 나아가도 정치적 대가가 너무 컸기 때문입니다. 결국 프랑스의 연금개혁은 필요하다는 사실은 모두가 알지만, 손대는 순간 정권이 흔들리는 딜레마로 남아 왔습니다.

1993년 발라뒤르에서 2023년 마크롱까지

1990년대에 들어서면서 프랑스 정치권은 "연금은 언젠가 반드시 손대야 한다"는 사실에 대해 공감했습니다. 그 첫 출발점이 1993년, 에두아르 발라뒤르 총리의 개혁이었습니다. 발라뒤르는 "제도의 뼈대는 유지하되, 계산 방식을 조금 바꾸면 시간을 벌 수 있지 않을까?"라고 생각했습니다.

그는 민간부문 근로자의 연금을 계산할 때 기준이 되는 평균임금 기간을 10년에서 25년으로 늘렸습니다. 쉽게 말해, 월급이 가장 좋았던 시절만 골라 평균을 내던 방식에서, 초년 시절의 낮은 월급까지 함께 계산하겠다는 뜻입니다. 여기에 물가 상승은 반영하되 임금 상승은 덜 반영하도록 설계해, 연금의 실질 가치가 서서히 줄어들게 만들었습니다.

겉으로 보면 복지국가의 약속은 유지하면서, 숫자를 조금씩 조정해 연금제도의 수명을 늘려보려는 선택이었습니다. 그런데 결정적인 구멍이 하나 남아 있었습니다. 공공부문은 그대로였다는 점입니다. 같은 나라, 같은 연금제도인데 민간과 공공이 서로 다른 규칙을 적용받게 된 겁니다. 이때부터 이런 질문이 사회에 퍼지기 시작합니다.

"왜 민간에서 일하는 사람은 더 오래 일하고 덜 받는데, 공공부문에는 예외가 허용되는 걸까?"

연금개혁이 공동의 미래를 위한 조정이 아니라, "누군가만 희생시키는 선택"으로 보이기 시작한 순간입니다.

두 번째 큰 파동은 언제였을까요? 1995년, 알랭 쥐페 총리 시기입니다. 쥐페는 발라뒤르 개혁의 논리를 공공부문까지 넓히려 했습니다. 민간과 공공의 조건을 비슷하게 맞춰 '공정', 즉 같은 규칙을 만들겠다는 구상이었습니다. 하지만 반응은 어땠을까요? 공무원들은 무려 3주 동안 이어진 '1995년 겨울 파업'으로 맞섰습니다. 철도와 지하철이 멈추고, 우편과 각종 공공서비스가 중단되면서 프랑스 사회는 거의 마비 상태가 되었습니다.

결과는 분명했습니다. 정부는 개혁안을 철회했고, 정치권은 강력한 교훈을 하나 얻었습니다.

"연금은 건드릴 수 있어도, 공공부문을 직접 건드리는 순간 정권이 흔들린다."

이 경험은 이후 프랑스 정치에 깊은 트라우마로 남았습니다. 그 뒤로 연금 문제를 근본적으로 해결하기보다는, 큰 문제는 피하고 작은 조정만 반복하는 정치가 자리 잡게 됩니다.

2003년, 장 피에르 라파랭 정부는 다른 길을 택합니다. 이번에는 '세대 간 형평성'이라는 말을 꺼냈습니다. 민간과 공공을 가리지 않고, 온전한 연금을 받기 위해 필요한 보험료 납부 기간을 늘리자는 것이었습니다. 법으로 정한 연금 수령 나이를 크게 올리지는 않되, 실제로는 더 오래 일해야 연금을 다 받을 수 있게 만든 셈입니다. 은퇴 시점을 공식적으로 늦추지는 않지만, 노후에 쓰려면 저축 기간을 더 늘려야 하는 구조입니다.

연금개혁을 시도한 프랑스 총리
(에두아루 발라뒤루, 알랭 쥐페, 장 피에르 라파랭)

논리는 단순했습니다.

"더 오래 사는 만큼, 조금 더 오래 내고 조금 덜 받자."

하지만 거리의 반응은 여전히 거셌습니다. 노동조합과 시민단체는 이를 노동권 침해라고 규정했고, 정부는 여러 차례 양보와 수정을 거친 끝에 겨우 법안을 통과시켰습니다. 연금개혁은 이렇게 한 걸음 나아가면, 다시 사회적 저항에 부딪히는 반복의 역사로 이어졌던 셈입니다.

2010년, 니콜라 사르코지 정부는 돌려 말하지 않고, 정면으로 부딪혔습니다. 법으로 정해진 퇴직 연령을 60세에서 62세로 단계적으로 올리고, 조기퇴직도 늦추겠다고 한 겁니다. 이제는 숫자를 직접 바꿀 수밖에 없다는 판단이었던 셈입니다.

그러자 거리는 국민들로 들끓기 시작했습니다. 전국 곳곳에서 수백만 명이 시위에 나섰고, "일만 하다 죽을 수는 없다"는 뜻을 담은 구호가 도시마다 울려 퍼졌습니다. 이 말은 프랑스 직장인의 일상을 자조적으로 표현한 "지하철, 회사, 잠"이라는 표현을 비튼 것으로, "지하철, 회사, 무덤"이라는 뜻을 담고 있었습니다. 노동자들한테 연금개혁은 평생 모아둔 노후 자금을 더 늦게 쓰게 하겠다는 말로 들렸던 셈입니다.

사르코지 정부는 결코 물러서지 않았고, 개혁안은 통과됐습니다. 하지만, 그 대가는 컸습니다. 정권은 정치적 신뢰와 에너지를 크게 소모했고, 연금 문제는 일부 풀렸지만 여전히 미해결된 문제로 남게 됩니다.

2023년, 에마뉘엘 마크롱 정부의 방향은 거의 같았습니다. 마크롱 대통령은 정년을 62세에서 64세로 올리겠다고 선언하며, "더 오래 사는 만큼 더 오래 일해야 한다"는 논리를 다시 꺼내 들었습니다. 인구 구조와 재정 전망을 놓고 보면, 이 말이 전혀 틀렸다고 하기는 어려웠습니다. 문제는 내용보다 방식이었습니다. 국회의 반대가 거셀 것으로 예상되자, 마크롱 정부는 투표 자체를 건너뛰는 헌법 49조 3항을 발동해 법안을 밀어붙였습니다. 프랑스 국민이 받아들인 것은 연금개혁의 필요성이 아니라, 또다시 반복된 위

연금개혁을 시도한 프랑스 대통령
(니콜라 사르코지, 프랑스와 올랑드, 에마뉘엘 마크롱)

에서 내려온 결정이었습니다.

결과는 익숙한 장면이었습니다. 거리 시위가 이어지고, 충돌과 폭력이 발생했으며, 정부에 대한 신뢰는 다시 무너졌습니다. 연금개혁은 이렇게 매번 필요성은 이해되지만, 방식과 신뢰의 문제 앞에서 같은 패턴을 되풀이하고 있습니다.

왜 이렇게 많은 정책이 번번이 실패했을까요? 그 뒤를 따라가 보면, 결국 하나의 공통된 이유가 있습니다. 인구와 재정의 시간은 아주 느리게 흐르는데, 정치의 시간은 너무 빠르다는 점입니다.

연금제도의 위기는 하루아침에 생기지 않습니다. 수십 년에 걸

쳐 천천히 다가옵니다. 그런데 정부의 임기는 5년이고, 여론조사
는 일주일마다 뒤집히며, 뉴스는 하루 단위로 반응합니다. 30년짜
리 집 수리 계획을 세워야 하는데 가족 회의는 매주 분위기가 바
뀌는 상황과 비슷합니다. 긴 안목으로 결정해야 할 문제를 늘 단기
일정에 맞춰 판단하는 셈입니다.

연금은 본질적으로는 지금 믿고 돈을 내면, 나중에 국가가 책
임져 준다는 장기적인 신뢰 위에 서 있는 약속입니다. 그런데 이
제도를 바꾸려면, 당장 거센 비난을 감수해야 합니다. 그래서 정치
인은 자연스럽게 계산을 하게 됩니다. "이번 임기 안에 폭발하지
않을 위기라면, 다음 정부로 넘기는 게 더 합리적이지 않을까?"라
는 생각 말입니다.

개혁의 시간은 계속 뒤로 밀리고, 문제는 조금씩 쌓입니다. 매
달 적자가 나는 걸 알면서도 이번 달만 넘기자고 카드값을 미루는
상황과 닮아 있습니다. 당장은 조용하지만, 부담은 점점 커집니다.

숫자로만 보면 답이 뻔해 보이는 연금개혁은 왜 현실에서는 늘
실패하거나 반쪽짜리 타협으로 끝날까요? 이유는 연금제도가 단
순히 세금을 걷고 돈을 나누는 제도가 아니기 때문입니다. 연금은
사람들의 삶의 방식과 정체성을 담고 있는 장기 계약인 셈입니다.

　　결국 연금개혁은 숫자의 문제가 아닙니다. 기여기간이나 정년, 급여 수준을 조정하는 기술적인 작업처럼 보이지만, 실제로는 "어느 세대가 얼마나 오래 일할 것인가", "누가 누구를 어디까지 책임질 것인가"라는 원칙을 다시 쓰는 선택입니다. 연금개혁은 숫자의 조정이 아니라, 가치와 원칙의 조정이라고 볼 수 있습니다.

11장.
복지와
노동

'일할 권리'와 '인간다운 생활을 누릴 권리'

프랑스에서 '일할 권리'는 혁명과 공화국의 역사 속에서 만들어진 가치입니다. 누구나 일할 기회를 가져야 한다는 생각은, "노동을 통해 사회의 일원이 된다"는 시민 윤리와 이어져 있었던 셈입니다.

여기에 전후 복지국가는 한 가지를 더 보탰습니다. 바로 '인간다운 생활을 누릴 권리'입니다. 일하든 일하지 않든, 병에 걸리거나 실직을 하거나 나이가 들어도 최소한의 삶은 지켜줘야 한다는 생각이었고, 이 원칙은 실업급여, 주거보조, 공적 의료보장 같은 제도로 자리 잡았습니다.

처음에는 이 두 권리가 잘 어울렸습니다. "모두가 일할 수 있게 돕고, 혹시 일자리를 잃어도 인간다운 삶은 보장한다"는 취지 자체는 분명 좋아 보입니다. 문제는 시간이 지나면서 방향이 조금씩 바뀌었다는 점입니다. 복지가 점점 "다시 일하도록 돕는 장치"라기보다, "일하지 않아도 어느 정도는 버틸 수 있게 해 주는 장치"로 인식되기 시작한 것입니다.

프랑스의 두터운 복지제도는 분명 역사적인 진전이었습니다. 실업자가 되어도 주거비 보조와 의료보장, 실업급여가 함께 제공되면서, 한 번의 실패가 곧바로 빈곤으로 이어지는 상황은 많이 줄어들었습니다. 이건 사회적으로 큰 성과였다고 볼 수 있습니다.

그런데 어디까지 안전망이 제공되어야 할까요? 어느 순간부터 이 제도가 "잠시 기대는 보호장치"를 넘어 "당연히 누려야 할 몫"처럼 느껴지기 시작했다는 점이 문제입니다. 실업급여와 저임금 일자리 사이의 차이가 크지 않다면, 일부 사람들에게는 "굳이 지금 힘든 일을 다시 시작해야 할까?"라는 생각이 들 수 있습니다.

사람들은 이런 고민을 크게 말하지는 않지만, 실업급여와 복지 수준은 실제로 직업 선택과 재취업 결정에 큰 영향을 줍니다. 복지는 분명 사회적 안전망입니다. 동시에 "잠시 노동시장 밖에 있어도 살아갈 수 있다"는 선택지를 열어 두는 장치이기도 합니다. 과도한 복지는 어느 순간부터 계단이 아니라 쉼터처럼 작동합니다. 다시 일터로 올라가기 위한 발판이 아니라, 노동시장 밖에 머물 수 있는 공간이 되는 셈입니다. 여기서 '일할 권리'와 '인간다운 생활을 누릴 권리'는 더 이상 자연스럽게 손을 잡지 못하고, 서로 배타적인 관계에 들어가게 됩니다.

연대의 피로와 '시스템 밖의 세대'

복지국가의 출발점은 "우리 모두가 각자의 방식으로 짐을 나눈다"는 믿음입니다. 지금 더 많이 내는 사람도 언젠가는 보호를 받고, 지금 보호를 받는 사람도 언젠가는 다시 기여자로 돌아온다는 기대가 있어야 세금은 강제로 빼앗기는 돈이 아니라, 서로 합의한 부담으로 받아들여집니다.

그런데 노동시장 밖에서 복지급여에 의존하는 사람이 눈에 띄게 늘어나면, 이 순환에 대한 믿음이 흔들리기 시작합니다. 세금은 더 이상 "연대를 위해 내가 맡은 몫"이 아니라, "왜 내가 남의 몫까지 대신 지고 있지?"라는 감정으로 바뀝니다. 현실에서는 극소수에 불과한 사례-복지를 받으면서도 일을 거부하는 사람들-가 정치적으로 과장되면서, 제도 전체에 대한 의심을 키우는 이유도 여기에 있습니다. 로장발롱이 말한 '연대의 피로'는 바로 이 지점에서 생깁니다. 함께 짐을 나눈다는 이야기가, 어느 순간부터 "누가 덜 들고 있는가"를 따지는 비교로 바뀌는 순간, 연대는 가치가 아니라 부담이 됩니다.

이 피로감은 자연스럽게 세대 갈등으로 이어집니다. 비교적 안 정적인 정규직 경로를 밟아온 기성세대에게 노동은 생존의 수단 이자 자부심의 근거였습니다. 이들에게 복지는 "열심히 일한 끝에 돌아오는 정당한 보상"인 셈입니다. 하지만 반복되는 계약직, 불안 정한 고용, 높은 주거비를 마주한 청년 세대에게 노동은 더 이상 예측 가능한 인생 경로가 아닙니다. 청년에게 연금과 복지는 "언젠 가 받을 수도 있고, 못 받을 수도 있는 불확실한 약속"처럼 느껴집 니다. 일부 청년이 자신을 '시스템 밖의 세대'라고 부르며 노동시 장 바깥을 선택하는 이유도 여기 있습니다. 능력이 없어서라기보 다, 시스템 안에서의 삶이 지나치게 불안정하게 느껴지기 때문입 니다.

기성세대의 눈에는 "일자리가 없다"는 말보다 "일하려 하지 않 는 태도"가 먼저 보일 수 있습니다. 반대로 청년 세대는 "의지가 부 족한 게 아니라, 기회가 없다"고 느낍니다. 같은 복지제도를 두고 도, 청년에게는 "우리에게는 제대로 작동하지 않는 안전망"으로, 기성세대에게는 과분할 정도로 주어진 혜택으로 보이는 이유가 바로 여기에 있습니다.

이렇게 복지와 노동윤리의 균열은 연금개혁 논쟁을 숫자의 문제가 아니라 가치의 충돌로 바꿉니다. 평생 노동을 의무이자 자부심으로 살아온 세대에게 연금은 노동 인생의 마지막 보상이기 때문에, 정년 연장은 곧 보상이 줄어드는 일처럼 느껴집니다. 반면 청년 세대는 우리는 더 많이 내고 덜 받게 될 것이라는 불신 속에서, 아직 받지도 못한 제도를 위해 지금 더 내라는 요구를 받습니다.

이 두 감정이 마주치면 논쟁은 금세 격해집니다. 계산과 숫자를 넘어, "누가 더 희생했는가", "누가 더 특혜를 누렸는가"라는 도덕적 비난으로 흘러갑니다.

불타는 거리의 시위

2023년 초, 프랑스 정부의 메시지는 아주 단순했습니다. "사람들이 더 오래 사니까, 이제는 더 오래 일해야 하지 않을까?"라는 말이었죠. 마크롱 정부가 내놓은 연금개혁안의 핵심도 세 가지로 정리됩니다. 정년을 62세에서 64세로 올리고, 제대로 된 연금을 받으려면 최소 64세까지 일하게 만들고, 철도나 에너지 같은 일부 직종에 남아 있던 특수연금은 일반 제도로 합치겠다는 계획이었습니다. 정부는 이를 공정과 지속가능성이라는 말로 설명했습니다. 더 오래 사는 사회에서 일부만 일찍 은퇴하는 건 공평하지 않다는 논리였습니다.

여기에 숫자도 등장합니다. 2000년에는 노동자 1.8명이 은퇴자 1명을 부양했지만, 2040년에는 1.2명으로 줄어든다는 그래프가 반복해서 제시됐습니다. 정부는 "지금 손보지 않으면 나중에는 훨씬 더 큰 적자가 난다"고 경고한 셈입니다. 젊은 사람은 줄고, 노년층은 늘어나니, 일하는 기간을 조금 늘려 균형을 맞추자는 이야기였습니다. 하지만 이 논리는 거리에서는 전혀 다르게 들렸습니다. 많은 시민에게 정년 64세는 설득이 아니라 명령처럼 느껴졌습니다.

특히 평생 몸으로 일해 온 노동자들에게 "딱 2년만 더"라는 말은 가볍지 않았습니다. 이미 40년 넘게 일한 사람에게 그 2년은 여유가 아니라, 삶의 마지막을 더 버티라는 요구처럼 들렸습니다. 황혼기를 조금 더 인간답게 보내고 싶었던 사람들에게, 개혁은 차가운 명령으로만 보였습니다.

사람들은 불만을 표현하기 위해 거리로 나왔습니다. 파리 시청

앞, 리옹과 마르세유의 중심가, 르아브르와 생나제르의 항만까지, 지역도 직업도 다른 사람들이 같은 구호를 들었습니다.

"64세는 안 된다."

철도 노동자, 계약직과 인턴을 전전하는 청년, 병원의 간호사, 교사, 지방 공무원, 이미 은퇴한 연금 생활자까지 뒤섞였습니다. 겉으로는 같은 말을 외쳤지만, 마음속 이유는 조금씩 달랐습니다.

노년층에게 이 개혁은 이미 할 만큼 한 사람에게 더 요구하는 것처럼 보였습니다. 반대로 청년층에게는 "지금도 일자리가 부족한데, 정년만 늦어지면 기회는 더 줄어드는 것 아니냐"는 불안으로 다가왔습니다. 세대는 달랐지만, 모두가 자기 몫의 불안을 안고 거리로 나온 셈입니다.

파업이 이어지자 공공서비스는 빠르게 멈춰 섰습니다. 지하철과 철도가 서고, 학교는 문을 닫았고, 항만의 하역 작업도 중단됐습니다. 특히 파리에서는 쓰레기 수거가 멈추면서 검은 비닐봉투가 거리에 산처럼 쌓였습니다. 해외 언론은 연금개혁 반대 시위를 전하면서, 동시에 쓰레기 더미 위의 프랑스라는 장면을 함께 보여 줬습니다. 연금이라는 숫자의 문제가, 결국 일상 전체를 흔드는 갈등으로 번진 순간이었습니다.

파업으로 지저분해진 파리의 거리

거리의 함성이 커질수록, 파리 국회 안에서는 말 그대로 숨 막히는 줄다리기가 이어지고 있었습니다. 정부와 여당은 의석이 넉넉하지 않았기 때문에, 중도·보수 성향 야당 일부를 설득하려고 애를 썼습니다. 반대 진영은 시간을 벌기 위해 수천 개의 수정안을 쏟아내며 절차를 끝까지 활용했습니다. 프랑스 의회에서는 익숙한 장면이지만, 이번에는 거리의 압력이 훨씬 거셌습니다. 찬성표가 모이는 듯하다가도 몇 명만 돌아서면 결과가 뒤집힐 수 있는 끝까지 장담할 수 없는 상황이었죠.

이때 정부는 정면 승부를 포기하고 다른 길을 택합니다. 바로 헌법 제49조 3항을 꺼내 든 것입니다. 이 조항은 하원 표결 없이도 정부가 책임을 지는 조건으로 법안을 통과시킬 수 있게 해 줍니다. 헌법이 허용한 절차이긴 하지만, 이미 거리에서 수백만 명이 반대 의사를 드러낸 상황이었죠. "절차적으로 가능하다고 해서, 정말 정당한 걸까?"라는 질문이 터져 나온 겁니다. 정부는 국가의 장기적인 지속가능성을 위해 어쩔 수 없는 결정이라고 설명했지만, 많은 시민에게는 이렇게 들렸습니다.

"우리가 말할 수 있는 기회 자체를 빼앗긴 것 아닐까?"

이번 연금개혁 시위에서 또 하나 눈에 띈 장면은 무엇이었을까요? 그동안 각자 따로 움직이던 노조들이 드물게 한 목소리를 냈다는 점입니다. 온건 노조든, 급진 노조든 가리지 않고 거의 모든 주요 노조가 개혁 반대라는 목표 아래 공동전선을 펼쳤습니다. 전국 파업과 대규모 집회가 동시에 조직됐고, 노조들은 정부에 다시 대화의 테이블로 나오라고 요구했습니다.

여론조사를 보면 절반가량은 개혁에 반대했지만, 나머지 사람들은 조금 복잡한 생각을 하고 있었습니다.

"개혁이 필요하다는 점은 이해한다. 다만 방식과 시기가 문제다."

이런 반응이 적지 않았던 겁니다. 특히 민간기업의 중간 관리자나 자영업자, 재정 현실을 체감하는 일부 중산층은 언젠가는 이 문제를 누군가 손대야 한다는 인식을 공유하고 있었습니다. 하지만 이 목소리는 거리에서 하나의 정치적 힘으로 조직되지는 못했습니다. 언론 화면에 잡힌 것은 대부분 분노한 시위 장면이었고, 그 이면의 다른 생각을 가진 사람들은 잘 보이지 않았습니다.

정부는 이렇게 말했습니다.
"거리의 분노가 곧 국민 전체의 뜻은 아니다."
하지만 이 말은 갈라진 사회를 설명해 줄 뿐, 갈등을 풀어 주지는 못했습니다. 정부가 인구 구조와 재정 전망을 들며 지금 조금 아프지 않으면, 나중에 더 크게 아플 것이라고 말할 때도 시민들은 고개를 갸웃했습니다. "이 말, 예전에도 계속 듣지 않았나?"라는 피로감이 쌓여 있었기 때문입니다.

정부의 시선에서 보면 이번 개혁은 뒤늦게라도 균형을 맞추기 위한 최소한의 조정이었을지 모릅니다. 하지만 시민의 입장에서는 어땠을까요? 이 개혁은 단순한 제도 변경이 아니라, 오랜 시간 쌓여 온 노동의 고단함과 불평등의 기억이 한꺼번에 터져 나온 상징적인 사건으로 느껴졌습니다. 숫자의 문제처럼 보였던 연금개혁이, 결국 삶 전체를 건 질문으로 변한 순간이었던 셈입니다.

세대별 순이전효과 그래프(INSEE)

프랑스의 복지 지출은 어떤 흐름 속에서 움직여 왔을까요? 한마디로 말하면, 세대에서 세대로 돈이 옮겨 가는 큰 흐름 속에 있습니다. 경제학에서는 이런 돈의 이동을 '이전지출'이라고 부릅니다. 어렵게 들리지만, 뜻은 단순합니다. 정부가 다리를 짓거나 경찰을 고용하는 것처럼 무언가를 직접 하는 게 아니라, 세금으로 모은 돈을 조건에 맞는 사람에게 그냥 건네주는 겁니다. 연금이나 아동수당처럼 말이죠.

1979년만 해도 프랑스에서는 아이·청년(0~24세), 중장년(25~59세), 노년층(60세 이상)이 받는 이전지출 비중이 크게 다르지 않았습니다. 어느 한쪽이 유난히 더 가져간다는 느낌은 아니었습니다.

그런데 시간이 지나면서 이 균형이 서서히 깨지기 시작합니다. 특히 60세 이상 노년층이 차지하는 몫이 계속 커졌습니다. 2011년에는 전체 이전지출의 거의 절반, 정확히 말하면 44.9%까지 올라갔습니다. 반대로 0~24세, 즉 아이와 청년이 받는 비중은 35.5%에서 26.1%까지 내려왔습니다. 숫자만 보면 이렇게 느껴질 수 있습니다. 할아버지·할머니에게 들어가는 돈은 점점 늘고, 아이들 교육비나 양육비 몫은 줄어든 상황인 셈입니다.

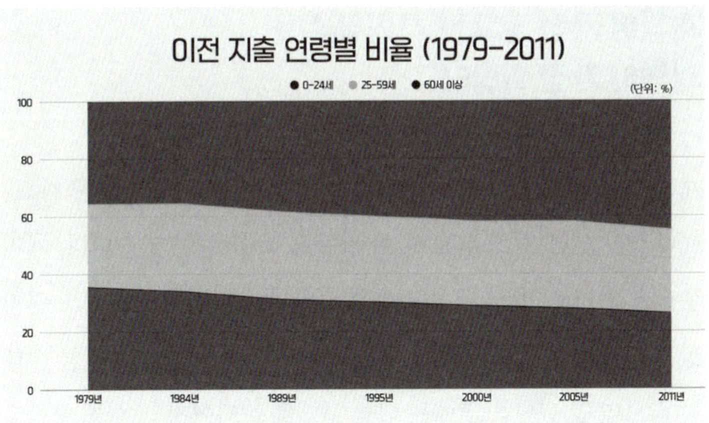

이전 지출 연령별 비율 (1979~2011)

- 0~24세: 35.5% → 26.1%로 지속적 하락

- 25~59세: 약 29~30%로 큰 변화 없음

- 60세 이상: 35.7% → 44.9%로 뚜렷한 상승

이전 지출의 연령별 비율 변화가 단순히 "노인이 많아졌기 때문"이라고만 말할 수 있을까요? 물론 고령화는 중요한 이유입니다. 노인 인구가 늘어난 건 사실이니까요. 하지만 그것만으로는 충분하지 않습니다. 연금, 의료, 돌봄 같은 지출이 구조적으로 계속 확대되면서 노년층을 향한 복지의 무게가 더 강해졌습니다. 다시 말해, 프랑스의 복지는 시간이 갈수록 '노년 중심 복지'로 성격이 바뀌어 온 겁니다. 그 결과, 청년과 아이들에게 돌아갈 수 있는 재정의 여지는 자연스럽게 줄어들었습니다.

개혁이 가장 필요한 사회일수록
개혁이 가장 어렵다

개혁이 정말 필요한 사회일수록, 왜 개혁은 이렇게 어려울까요? 프랑스의 연금 정치를 보면 이 질문을 피할 수가 없습니다. 재정 부담은 커지고, 인구 구조 변화는 숫자로 분명히 보이는데도 정작 정치에서는 한 발짝 나아가는 것조차 버거워 보입니다. 지금 손대지 않으면 안 된다는 말에는 다들 고개를 끄덕이지만, 실제 행동으로 옮기는 순간 거센 저항이 따라붙는 셈입니다.

이 역설의 뒤에는 서로 다른 세 가지 '시간'이 어긋나 있다는 문제가 있습니다. 먼저 인구 구조의 시간부터 볼까요? 인구 구조는 느리게 움직이지만 방향은 거의 바뀌지 않습니다. 출산율 하락과 기대수명 증가는 몇십 년에 걸쳐 쌓이면서 연금 제도를 조용히, 그러나 확실하게 압박합니다. 이건 마치 집 기둥이 조금씩 기울어지는 것과 비슷합니다. 하루아침에 무너지진 않지만, 언젠가는 손을 대야 하는 상황이 되는 겁니다.

그 다음은 정치의 시간입니다. 정치의 시간은 아주 짧습니다. 임기 5년 안에 성과를 보여줘야 하는 대통령과, 다음 선거를 신경 써야 하는 의원에게 연금개혁은 어떤 선택일까요? 장기적으로는 꼭 필요하지만, 단기적으로는 표를 잃는 결정인 셈입니다. 그래서 정치인은 자꾸 결정을 미루게 됩니다.

세 번째는 시민의 시간입니다. 시민의 시간은 더 짧습니다. 사람들은 이번 달 월급이 줄어드는지, 올해 세금이 얼마나 늘어나는지, 앞으로 몇 년 동안 노동 조건이 어떻게 바뀌는지를 기준으로 개혁을 판단합니다. "30년 뒤에 제도가 유지된다"는 말보다 "내 삶이 당장 어떻게 달라지느냐"가 더 중요하게 느껴지는 겁니다. 이렇게 세 가지 시간은 서로 맞물리지 않습니다. 연금개혁은 원칙적으로는 모두가 필요하다고 말하면서도, 실제로는 누구도 책임지려 하지 않는 과제가 됩니다.

정부는 늘 이렇게 말합니다.
"지금 조금만 고통을 감수하면, 미래는 더 나아질 겁니다."
하지만 시민의 기억은 다릅니다. "예전에도 같은 말을 들었는데, 정말 나아졌던가?"라는 의문이 먼저 떠오릅니다. 정치인 역시 생각합니다.
"내 임기 안에 폭발하지 않을 문제라면, 다음 정권으로 넘기는 게 합리적이지 않을까?"
이렇게 해서 연금개혁은 "언젠가는 해야 하지만, 지금은 아니다"라는 말만 반복되며 뒤로 밀려납니다. 개혁이 가장 절실할수록,

정치적으로는 가장 위험한 선택이 되어 버리는 이유입니다.

연금제도는 결국 숫자의 문제가 아니라 '약속'의 문제입니다. 젊을 때 세금을 내면, 나이가 들었을 때 사회가 나를 보호해 줄 것이라는 믿음이 있어야 제도는 돌아갑니다. 다시 말해 연금은 재정 기술이 아니라, 신뢰를 바탕으로 한 장기 계약입니다. 프랑스 시민들은 수십 년 동안 "지금 조금 양보하면, 나중에 모두가 더 나아진다"는 말을 들어 왔습니다. 구조조정, 긴축, 세제 개편, 노동시장 개혁마다 항상 "미래 세대를 위한 불가피한 선택"이라는 설명이 따라붙었습니다.

하지만 사람들이 체감한 현실은 어땠을까요? 실업의 상처, 비정규직의 확대, 대도시의 주거 불안, 부유층으로의 자산 집중이 겹치면서 "국가는 성장의 열매를 공평하게 나누지 않았다"는 인식이 퍼졌습니다. 이렇게 신뢰가 약해진 사회에서 연금개혁은 협의와 타협의 결과로 받아들여지기 어렵습니다. 정부가 "지금 고통을 감수하면 나중에 보상하겠다"고 말해도, 시민은 그 '나중'을 더 이상 믿지 않는 겁니다. 이 순간 개혁은 계약이 아니라 명령처럼 느껴집니다.

아무리 많은 대화를 했다고 해도, 시민이 "처음부터 결론을 정해 놓고 우리 말을 들은 척만 했다”고 느낀다면 그 과정은 형식적인 절차에 그칩니다. 절차가 합법적이었느냐보다, 신뢰가 있었느냐가 더 중요한 문제가 되는 셈입니다.

1945년 드골의 약속, “국가는 국민을 책임진다”는 말은 전후 프랑스 복지국가의 출발점이었습니다. 그 약속이 가능했던 이유는 사회적 연대라는 공통의 믿음이 있었기 때문입니다. 국민은 세금을 내고, 국가는 위험을 나누며, 서로가 서로를 지탱할 수 있다고 믿었습니다. 하지만 시간이 흐르면서 “국가는 언제나 책임져야 한다”는 기대가 커졌고, 각 집단은 자신이 받을 몫을 권리의 언어로 주장하기 시작했습니다.

이제 시민은 “국가는 약속을 지켜라”고 요구하고, 국가는 “재정을 지키려면 약속을 바꿔야 한다”고 말합니다. 서로에게 책임을 요구하지만, 정작 “누가, 어디까지 책임질 것인가”에 대해서는 합의하지 못합니다. 청년은 노년에게, 노년은 청년에게, 시민은 국가에게, 국가는 시장과 세계경제에 책임을 돌립니다.

"진짜 개혁은 정치가 아닌 시민의 의식 변화에서 시작될까?"

우리는 보통 개혁이라고 하면 정치가 나서서 법과 제도를 고치는 장면을 떠올립니다. 그런데 과연 법만 바뀌면 세상이 달라질까요? 세금을 더 내야 한다거나, 연금을 더 늦게 받아야 한다거나, 복지를 조금 조정해야 한다는 결정은 시민의 태도가 그대로라면 변화를 추구하기 어렵습니다.

진짜 개혁은 정치가 먼저 길을 여는 걸까요, 아니면 시민의 의식 변화가 먼저 길을 닦아 주는 걸까요?

- 정치가 우선 키워드: 제도 설계, 정책 실행력, 국가 리더십, 법·제도 개혁

- 시민이 우선 키워드: 책임 의식, 세대 간 연대, 공정성에 대한 합의

똘레랑스, 월세 보조금을 주는 나라

학교를 합격하고 처음 든 생각은 "도대체 어디서 살아야 하지?"라는 현실적인 문제였다. 내가 살던 곳은 학교 기숙사이긴 했지만, 민간에서 운영했다. 시설은 깔끔했고 위치도 나쁘지 않았지만, 월세는 전혀 만만하지 않았다. '기숙사'라는 이름 때문에 싸게 느껴질 것 같았지만, 실제로는 파리 시내 원룸과 크게 다르지 않은 수준이었다. 월세 고지서를 볼 때마다 머릿속 계산기가 돌아갔다.

"학생 신분으로 이걸 계속 감당할 수 있을까?"

그때 친구가 "주거 보조금 신청하면 돼."라고 말했다. 순간 귀를 의심했다. 반신반의하며 신청을 했고, 몇 주 뒤 매달 월세의 일부가 실제로 지원되기 시작했다. 그때 느낀 감정은 안도감과 고마움이었다.

"왜 프랑스는 외국인 학생이 사는 민간 기숙사 비용까지 보조해줄까? 학생이어서일까. 아니면 국적과 상관없이, 프랑스에서 살아가는 청년으로 보기 때문일까?"

프랑스가 말하는 똘레랑스는 사회 분위기 뿐만 아니라, 규칙과 예산으로 구현된 관용이었다. 공부하고 미래를 준비하는 시기에, 주거비 때문에 삶이 흔들리면 안 되기 때문에 집이 학교 소유냐, 민간 운영이냐는 크게 중요하지 않다. 중요한 건 지금 이 사람이 학생이기 때문에 월세에 대한 지원이 필요하다는 사실이다. 즉, 주거 보조금을 사회가

프랑스의 기숙사

정한 최소한의 안전선으로 보는 것이다.

물론 프랑스의 행정은 느리고, 신청 과정도 번거롭다. 나 역시 서류를 몇 번이나 다시 내야 했다. 그럼에도 프랑스에 감사함을 느낀 이유는 분명하다. 이 나라는 나를 '외국인 유학생' 이전에 지금 이 사회를 함께 살아가는 사람으로 대했다. 기숙사 방 한 칸에서도 그 철학이 분명히 느껴졌다.

다만 주거보조금 제도가 영원한 것은 아니다. 프랑스 정부는 재정 부담을 이유로 2026년 7월부터 비EU 유학생에 대한 주거보조금을 중단하기로 결정했다. 내가 경험했던 '관용의 안전망' 역시, 결국은 재정이라는 현실 앞에서 조정의 대상이 된 셈이다.

6부
·
한국에
보내는 경고

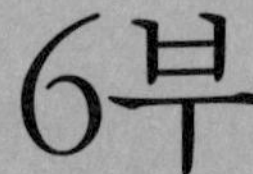

조용한
프랑스화

12장.
압축 성장, 그리고 압축 복지
– 한국의 숨 가쁜 추격기

가족이 곧 복지였던 시대

프랑스를 비롯한 유럽 선진국들이 거의 100년에 걸쳐 만든 '복지 국가'를 한국은 불과 30년 만에 압축해서 만들었습니다. 산업화와 민주화를 동시에 해냈듯이, 복지 제도도 아주 빠른 속도로 늘어났습니다. 경제 규모는 선진국 수준까지 커졌지만, 복지를 어떻게 유지할지에 대한 사회적 합의와 돈을 마련하는 구조는 그 속도를 따라오지 못한 겁니다.

한국 복지의 역사는 "성장을 위해 참고 버티던 시기"에서 "국가가 책임져야 한다는 요구가 한꺼번에 터진 시기"로 급하게 넘어온 이야기라고 볼 수 있습니다.

　산업화가 한창이던 1970~80년대의 정부 지출 장부를 보면 '복지'라는 항목은 거의 보이지 않습니다. 당시 국가의 목표는 단 하나, 경제 성장이었습니다. 국가는 한정된 예산으로 도로를 깔고 공장을 짓고, 수출 기업을 키우는 데 집중했습니다. 복지 예산은 최대한 아껴 두었습니다. 그렇다면 가난하거나 아프거나, 일자리를 잃은 사람은 누가 도왔을까요? 바로 '가족'이었습니다. 국가는 복지의 책임을 각 가정에 맡긴 셈입니다. 부모를 모시는 건 자식의 당연한 도리였고, 자녀를 키우는 건 부모의 당연한 희생으로 받아들여졌습니다. 아프면 가족이 병원비를 냈고, 실직하면 형제자매가 돈을 조금씩 보태 주었습니다.

　여기에 '기업'이 또 하나의 안전망 역할을 했습니다. 고도 성장기에는 일자리가 많았고, 한 번 회사에 들어가면 정년까지 다니는 '평생 직장'이라는 생각이 자연스러웠습니다. 회사에서 받는 월급과 자녀 학자금 지원은 단순한 보상이 아니라 생활을 지탱해 주는 버팀목이었습니다. 결국 이 시기의 한국 사회는 국가가 직접 챙기는 복지는 약했지만, 가족과 기업이 책임을 나눠 지는 '사적 복지'로 돌아간 셈입니다. 국가는 성장에 집중하고, 복지는 민간이 알아서 해결하는 방식이었고, 이 분업 구조가 한국을 빠르게 선진국 문턱까지 끌어올렸습니다.

각자도생의 충격과 국가의 등판

이렇게 단단해 보이던 '가족+기업 복지' 시스템을 한순간에 무너 뜨린 사건은 바로 1997년 외환위기, 흔히 말하는 IMF 사태였습니다. 평생 직장이라고 믿었던 대기업들이 연쇄적으로 쓰러졌고, 가장들은 하루아침에 일터에서 밀려났습니다. 실업자가 급증하자 가족도 더 이상 서로를 끝까지 떠받칠 힘이 남아 있지 않았습니다. 가족과 기업이라는 두 개의 방파제가 동시에 무너지자, 경제 위기의 파도가 개인 한 사람 한 사람에게 직접 들이닥친 셈입니다. 그때 많은 사람들이 이렇게 묻게 됩니다.
"내가 넘어졌을 때, 나를 붙잡아 줄 국가는 어디에 있었을까?"

IMF를 겪은 뒤 한국 정부는 무너진 사회 안전망을 다시 세워야 한다는 사실을 뒤늦게 깨닫게 됩니다. 급하게 만든 제도가 1999년에 제정된 '국민기초생활보장법'입니다. 이 제도의 메시지는 단순합니다. "능력이 부족하더라도, 최소한 굶지는 않게 국가가 책임지겠다"는 약속이었죠. 이 순간은 한국 복지 역사에서 중요한 전환점이었습니다. 가난을 개인의 게으름이나 무능이 아니라, 사회 구조가 만든 문제로 처음 인정한 사건이었기 때문입니다.

이때부터 한국은 비로소 현대적인 의미의 복지국가로 첫발을 내디뎠다고 볼 수 있습니다. 국민연금, 건강보험, 고용보험, 산재보험 같은 이른바 '4대 보험'이 전 국민을 대상으로 넓게 적용된 것도 이 시기였습니다. 다만 여기에서 한 가지는 분명히 짚고 넘어가야 합니다. 이 변화는 복지가 충분해졌다는 뜻일까요? 이 시기는 어디까지나 '시스템을 만들기 시작한 단계'였고, 국민들이 피부로 느끼는 복지 혜택은 여전히 미미했습니다.

'시혜'에서 '권리'로, 복지 패러다임의 전환

시스템이 어느 정도 갖춰지자, 바로 "나도 받을 수 있지 않을까?"라는 욕구가 한꺼번에 터져 나왔습니다. 한국 복지 정치의 방향을 완전히 바꿔 놓은 장면을 하나 꼽으라면, 많은 사람들이 2010~2011년의 '무상급식 논쟁'을 떠올립니다. 그전까지 한국 사회에서 복지는 대체로 "가난하고 어려운 사람을 골라서 돕는 것"이라고 생각해 왔습니다. 그런데 학교 급식을 아예 모두에게 무료로 하자는 이야기가 나오면서, 질문 자체가 달라지기 시작한 겁니다.

보수 진영은 이렇게 물었습니다.
"기업 회장의 손자에게까지 왜 세금으로 공짜 밥을 줘야 할까?"
세금의 효율성을 따져보자는 논리였죠. 반면 진보 진영은 다른

한국의 '무상급식 논쟁'

질문을 던졌습니다.

"급식은 의무교육의 일부인데, 그럼 이건 모두가 누려야 할 권리 아닌가?"

같은 밥을 두고도 한쪽은 '낭비'를, 다른 쪽은 '권리'를 말한 셈입니다. 선거를 거치면서 다수의 유권자는 보편적 복지, 그러니까 "누구나 받는 복지" 쪽에 손을 들어주었습니다. 이 사건을 지나며 복지는 더 이상 '불쌍한 사람을 도와주는 자선'이 아니라, "세금을 내는 시민이라면 당연히 누려야 할 권리"로 한 단계 올라섰다고 볼 수 있습니다.

한 번 이렇게 기준이 바뀌자, 둑이 터진 것처럼 복지 공약이 쏟아져 나오기 시작합니다. 선거철만 되면 여야를 가리지 않고 0~5세 무상보육, 기초연금, 아동수당, 청년수당 같은 현금성 복지가 경쟁적으로 등장했습니다. 프랑스가 수십 년에 걸쳐 하나씩 쌓아 올린 복지 정책을, 한국은 불과 10년 남짓한 시간에 한꺼번에 꺼내 든 셈입니다.

저부담-고복지의 딜레마

한국의 복지 제도는 급격히 확대되었는데, 그걸 떠받칠 '비용', 그러니까 세금에 대한 인식은 거의 그대로입니다. 지금 한국 사회는 꽤 불편한 모순 앞에 서 있는 셈입니다. 사람들의 기대치는 의료비와 교육비 부담이 적은 북유럽이나 프랑스 같은 '고복지'인데, 정작 세금을 내는 구조는 미국이나 일본처럼 '저부담'에 머물러 있습니다. 혜택은 유럽을 바라보는데, 부담은 여전히 아시아식으로 유지하고 싶은 상태라고 볼 수 있겠죠.

처음엔 버틸 수 있을지 몰라도, 시간이 갈수록 적자가 쌓일 수밖에 없겠죠. 한국의 사회복지 지출도 비슷한 흐름입니다. 지금도 빠르게 늘고 있고, 특히 고령화 속도가 워낙 빠르다 보니 제도를 바꾸지 않고 그대로 두기만 해도 지출은 눈덩이처럼 불어날 수밖에 없는 구조입니다.

이 상황에서 정치권은 "부자에게만 세금을 더 걷으면 된다", 혹은 "낭비를 줄이면 충분하다"는 설명으로 시민들을 안심시켜 왔습니다. 듣기에는 편한 이야기죠. 하지만 프랑스의 경험을 떠올려 보면, 보편적 복지는 결국 보편적 부담, 다시 말해 다 같이 조금씩 더 내는 책임 없이는 굴러가기 어렵다는 점이 분명해집니다.

혜택은 더 받고 싶은데, 세금은 더 내기 싫다는 이 이중적인 기대를 계속 유지할 수 있을까요? 이것이 바로 지금 한국 복지 제도가 안고 있는 가장 큰 딜레마이자, 동시에 가장 위험한 뇌관입니다. 프랑스가 '권리'를 외치다 재정의 덫에 걸렸듯, 한국도 혹시 '속도'에 취한 채 계산서는 확인하지 않고 주문만 계속하고 있는 건 아닐까요?

한국 복지 제도의 역사적 마일스톤

한국의 복지 역사는 1970년대 후반 의료보험 도입을 출발점으로, 불과 반세기 만에 숨 가쁘게 확장되어 왔습니다. 처음에는 회사에 다니는 사람들을 위한 사회보험이 중심이었는데, 1997년 외환위기를 겪으면서 상황이 달라졌습니다. 일자리를 잃고 소득이 끊긴 사람이 늘어나자, "이제는 국가가 최소한의 생활을 책임져야 하지 않을까?"라는 질문이 커졌고, 그 결과 빈곤을 국가가 맡는 공공부조가 본격적으로 강화됩니다. 2010년대 무상급식 논쟁을 지나면서 복지는 "어려운 사람만 돕는 제도"가 아니라 "모든 시민이 누릴 수 있는 권리"로 인식이 바뀌기 시작했습니다.

최근 흐름을 보면 더 분명해집니다. 아동, 노인처럼 인생의 단계마다 현금을 직접 지원하는 정책이 빠르게 늘어나고 있습니다.

- 1977년: 의료보험 도입 – 500인 이상 대형 사업장 노동자 대상으로 전 국민이 아닌 임금 노동자 중심의 제한적 복지였음

- 1988년: 국민연금 시행 – 노후 소득 보장을 위한 최초의 제도 마련되었으며, 초기에는 가입 대상이 제한적이었음

- 1999년: 국민기초생활보장법 제정 – IMF 외환위기 직후, 빈곤에 대한 책임을 개인이 아닌 국가의 의무로 규정한 획기적인 사건으로, 시혜가 아닌 '권리'로서의 복지의 시작점이었음

- 2011년: 무상급식 주민투표 – 복지의 대상을 '가난한 사람'에서 '모든 시민'으로 넓히는 보편적 복지 논쟁의 분수령이 되었음

- 2014년: 기초연금 도입 – 65세 이상 노인 중 소득 하위 70%에게 현금을 지급하기 시작하며, 노인 빈곤 문제에 국가가 직접 개입함

- 2018년: 아동수당 도입 – 소득과 상관없이 만 6세 미만 모든 아동에게 월 10만원을 지급하는 보편적 현금 복지가 실현됨

- 2023년 부모급여 도입 저출산 대응을 위해 0세 아동 부모에게 월 70만원(2024년 100만원)을 지급하며 현금성 지원 규모를 확대함

한국 사회는 오랫동안 세금은 적게 내고 싶은데, 혜택은 많이 받고 싶다는 이른바 '저부담-고복지'라는 모순적인 기대를 붙잡고 있었습니다. 정치권에서는 흔히 "부자에게 세금을 더 걷으면 되지 않느냐"고 말해 왔지만, 전문가들은 고개를 갸웃합니다. 모두가 혜택을 받는 보편적 복지를 유지하려면, 결국 평범한 시민들의 월급봉투, 흔히 말하는 유리지갑에서도 세금을 더 걷는 '보편적 증세'가 필요하다는 이야기입니다.

복지 수준을 지금보다 높이기 위해 내 월급의 10%를 세금으로 더 내는 데 동의할 수 있을까요? 아니면 세금은 지금처럼 적게 내는 대신, 복지 혜택을 줄이고 병원비나 노후 준비를 각자 알아서 해결하는 사회가 더 낫다고 느껴질까요?

우리는 서로를 책임지는 공동체가 되고 싶은 걸까요, 아니면 각자의 자유와 선택을 더 중시하는 사회를 원하는 걸까요?

- 증세 동의(사회적 연대) 키워드: 사회 안전망 강화, 소득 재분배, '고부담-고복지' 모델, 공동체 신뢰와 책임

- 증세 반대(개인적 자유) 키워드: 정부 비효율에 대한 불신, 근로 의욕 저하, 경제적 자유 침해, '저부담-저복지' 선호

13장.
복지의 확장과
부채의 덫

한국의 복지 팽창

한국의 복지지출은 빠르게 늘고 있습니다. 2000년대 초만 해도 GDP의 5% 수준이던 사회보장지출이 2024년에는 15%를 넘었고, 정부는 2035년이면 20%에 이를 거라고 내다봅니다. 이 흐름, 어디서 본 것 같지 않나요? 한국이 걷고 있는 길은 이미 프랑스가 1980년대에 지나간 길과 꽤 닮아 있습니다. 처음에는 '복지국가로 가는 진보의 발걸음'처럼 보이지만, 속도를 조절하지 못하면 어느 순간 '부채의 늪'에 빠지는 구조인 셈입니다.

프랑스는 이미 그 과정을 겪었습니다. 1970년대 석유파동 이후 경기가 식자, 프랑스는 복지를 확대해 그 공백을 메우려 했습니다. 그 결과 사회보장지출이 GDP의 절반 가까이를 차지하게 되었죠. 당시 정치인들은 "경제만 회복되면 자연스럽게 균형을 되찾을 수 있다"고 생각했습니다. 하지만, 그들이 기대했던 수준의 성장은 다시 오지 않았고, 그 사이 복지지출은 국민들이 '받아야 할 권리'로 굳어졌습니다. 이때부터 복지를 줄이자는 말은 '조정'이 아니라 '권리의 박탈'로 들리기 시작한 겁니다.

한국은 다를까요? 기초연금, 아동수당, 무상급식 같은 제도를 떠올려보면, 이미 비슷한 궤적 위에 올라와 있는 건 아닐까요? 물론 프랑스와 비교하면 한국의 복지지출 수준 자체는 아직 낮습니다. 하지만 핵심은 절대적인 크기가 아니라 증가 속도입니다. 프랑스가 50년에 걸쳐 사회지출 비율을 10%에서 30%로 끌어올렸다면, 한국은 불과 20년 만에 비슷한 변화를 겪고 있습니다.

이 과정에서 복지는 점점 성장의 결과라기보다 정치의 도구가 되어가고 있습니다. 선거철만 되면 각 정당은 더 많은 지원을 약속하고, 재정 건전성, 그러니까 나라 살림의 건강함은 뒤로 밀립니다. 세금을 올리자고 말하기는 부담스럽고, 그러다 보니 국채 발행이 일상이 됩니다. 빚으로 복지를 유지하는 구조, 바로 이것이 프랑스가 지금까지도 벗어나지 못하고 있는 늪입니다. OECD가 한국의 복지 확장을 '가파른 수직선'이라고 표현한 이유도 여기에 있습니다. 제도가 차분히 성숙하는 과정이라기보다, 사회 전체의 기대치가 너무 빠르게 높아지고 있다는 뜻입니다. 복지의 목적이 '정말 필요한 사람을 돕는 것'에서 '모두가 당연히 받아야 하는 것'으로 바뀌는 순간, 재정의 균형보다 정치의 약속이 앞서게 됩니다.

물론 복지 제도의 확대 자체는 우리 사회의 중요한 진전입니다. 이 점은 분명합니다. 다만 문제는 그 비용을 어떻게 쓰고, 또 어떻게 감당할 것인가입니다. 지금의 속도로 간다면 2035년에는 복지 예산이 국가 전체 지출의 40%에 이를 거라는 전망도 나옵니다. 생활비 중 절반 가까이가 복지와 관련된 고정비로 묶여버리는 상황을 떠올리면 됩니다. 선택의 여지가 점점 사라지는 거죠.

돈을 많이 쓴다고 해서 사회가 저절로 더 평등해질까요? 프랑스의 사례를 보면 꼭 그렇지만은 않습니다. 방향을 잃은 복지는 불평등을 줄이기보다는 세대 간 갈등만 키울 수도 있습니다. 결국 핵심은 '얼마나 쓰느냐'가 아니라 '어떻게 쓰느냐'입니다. 경제 성장 없이 복지만 키우는 건, 빚으로 쌓아올린 모래성과 다르지 않습니다. 복지의 확대가 진보의 상징이 될지, 아니면 재정 위기의 신호탄이 될지는, 결국 우리가 어떤 선택을 하느냐에 달려 있지 않을까요?

'정책의 정치화'와 재정의 탈중립성

정책이 선거의 도구가 되기 시작하면, 나라 살림은 망가지게 됩니다. 한국의 재정은 지금 그 위태로운 경계선에 서 있는 듯합니다. 정책이 표를 얻기 위한 수단으로 쓰이는 순간, 재정은 더 이상 관리의 대상이 아니라 감정과 일정에 흔들리는 존재가 됩니다.

정부가 경제에 영향을 미치는 축은 크게 두 가지입니다. 하나는 중앙은행이 금리를 조절하는 통화정책이고, 다른 하나는 정부가 예산을 쓰고 세금을 걷는 재정정책입니다. 통화정책은 비교적 독립적으로 움직이지만, 재정정책은 어떨까요? 예산을 짜는 순간부터 정치의 영향이 스며들기 쉽습니다. 따라서, 재정에는 더 엄격한 원칙, 즉 '중립성'이 필요하다고 말합니다. 경기가 나쁠 땐 돈을 풀고, 좋을 땐 거둬들이는 식으로 균형을 맞추자는 이야기입니다. 그런데 최근을 돌아보면, 예산은 경기 흐름보다 선거 일정에 더 민감하게 반응하는 것처럼 보입니다.

선거가 다가올수록 지출은 늘고, 정책 결정은 경제 논리보다 유권자의 반응을 먼저 살피는 방향으로 기웁니다. 이런 현상을 재정의 탈중립성이라고 부릅니다. 이론에서 말하는 재정의 중립성이란, 정부가 잠시 돈을 더 쓰거나 세금을 줄이더라도 장기적으로는 경제의 크기나 성장 경로를 크게 바꾸지 말아야 한다는 생각입니다. 쉽게 말해, 정부가 잠깐 개입하더라도 경제 전체의 판을 흔들지 말라는 뜻입니다. 하지만 현실에서는 이 정책의 중립성이 자주 무너집니다.

정부 지출이 늘어날수록 정치의 그림자는 짙어지고, 정책의 기준은 '효율'에서 '인기'로 이동합니다. 재정은 경기 조절 장치가 아니라 정치적 메시지를 전달하는 확성기로 바뀌어 버립니다. 한국의 추가경정예산을 떠올려보면 이해가 쉽습니다. 원래 추경은 예상치 못한 위기나 침체에 대응하기 위한 예외적인 수단이었죠. 그런데 점점 정치적 필요에 따라 반복되고, 관성처럼 편성되는 모습이 나타났습니다. 이 과정에서 "언제, 왜 돈을 쓰는가"라는 기준이 흐려졌고, 국민과 시장은 재정 정책을 믿기 어려워졌습니다. 문제는 돈의 액수가 아니라, 재정이 어떤 원칙으로 움직이느냐입니다. 중립성을 잃은 재정은 본래 목적을 벗어나 정치 일정에 끌려다니고, 그 부담은 시간이 지나 미래 세대에게 넘어갑니다.

정책의 정치화는 단순히 돈을 더 쓰느냐의 문제가 아닙니다. 방향이 흔들리면, 정책의 철학도 흐려집니다. 복지 확대나 청년 지원, 감세 정책은 그 자체로는 좋은 의도를 담고 있을 수 있습니다. 하지만 정권이 바뀔 때마다 기준이 달라지면 어떨까요? 한 정부가 만든 정책이 다음 정부에서는 '표를 위한 포퓰리즘'으로 낙인찍혀 사라지는 일이 반복됩니다. 이런 식의 일시적인 정책은 국민에게 어차피 또 바뀔 것이라는 생각을 심어주고, 결국 정책 전반에 대한 피로감을 낳습니다. 정책이 많아질수록 체감 효과는 오히려 약해지는 셈입니다.

프랑스의 사례는 반면교사로 자주 언급됩니다. 어느 정권이든 복지지출은 늘리는 방향으로만 움직였고, 줄이자는 말은 정치적 자살처럼 여겨졌습니다. 세금은 늘었지만 재정은 나아지지 않았습니다. 정치는 재정을 이용했고, 재정은 정권을 지탱했습니다. 서로가 서로를 붙잡은 채 가라앉는 구조였던 셈입니다. 한국에서도 비슷한 신호가 보입니다. 선거철만 되면 '무상', '지원', '확대'라는 말이 먼저 나오고, 그 돈을 어떻게 마련할지는 늘 뒤로 미뤄집니다.

재정의 정치화는 결국 오늘의 표를 얻기 위해 미래 세대를 희생시키는 행위와 닮아 있습니다. 지금 쓰는 돈은 눈에 보이지만, 나중에 갚아야 할 빚은 잘 보이지 않습니다. 결정은 짧은 시간에 내려지지만, 그 책임은 긴 시간에 걸쳐 다음 세대에게 영향을 미칩니다. 그래서 재정의 탈중립성은 세대 간의 윤리 문제이기도 합니다. 이제 필요한 것은 재정이 다시 중립을 되찾는 일입니다. 재정이 정치의 손에서 한 발 떨어질 때, 정책은 다시 경제의 논리로 돌아올 수 있습니다.

지속가능한 복지를 위한 선택과 책임

한국은 지금 '복지를 더 늘리는 시기'를 지나, '복지를 어떻게 선택할지'를 고민하는 단계로 들어왔습니다. 이제 중요한 질문은 "얼마나 더 줄 수 있을까?"보다는 "어떻게 오래 유지할 수 있을까?"입니다. 세금과 지출의 균형, 세대 간의 공정함, 정책을 언제 실행하느냐까지 모두 맞물려야 복지를 유지할 수 있습니다. 결국 복지는 숫자의 문제가 아니라 신뢰의 문제이기 때문입니다. 프랑스가 남긴 교훈은 분명합니다. 아무리 선한 마음으로 시작한 복지일지라도, 제도가 정치에 휘둘리기 시작하면 나라 살림을 빨아들이는 밑 빠진 독이 될 수 있다는 점입니다. 한국이 같은 길을 피하려면, 책임을 제도적으로 강제할 수 있는 세 가지 장치가 필요합니다.

첫 번째는 '슬라이드 제도'입니다. 쉽게 풀어 설명하면 상황이 나빠지면 자동으로 속도를 늦추는 장치입니다. 경제 성장률이 예상보다 낮아지거나, 출산율이 일정 기준 아래로 떨어지면 연금에서 받는 비율은 조금 낮아지고, 대신 내가 내는 보험료는 자동으로 올라가는 구조입니다. 복지의 속도를 시장 상황에 맞춰 조절하는 안전벨트 같은 장치인 셈입니다. 자동 조정 시스템은 사람의 감정

대신 숫자와 규칙으로 복지를 운영합니다. 정치인은 인기를 걱정해 복지를 줄이기 어렵지만, 제도와 숫자는 그런 고민을 하지 않습니다.

"경기가 나쁘면 지출을 줄이고, 좋아지면 다시 늘린다."
이런 원칙이 지켜질 때 복지에 대한 신뢰도 함께 유지됩니다.

두 번째는 재정준칙입니다. 재정준칙이란, 정부의 적자나 국가 채무가 어느 선을 넘지 못하도록 미리 규칙을 정해두는 장치입니다. 쉽게 말해, "여기까지만 쓰자"고 사회가 합의해 그 선을 그어두는 것입니다. 신용카드 한도를 미리 정해두는 것과 비슷합니다. 정치는 늘 단기적인 유혹에 약하기 때문에 이런 규칙이 필요합니다. 선거가 가까워지면 돈을 더 쓰고 싶어지고, 당장 부담되는 결정은 다음 정부로 미루고 싶어집니다. 재정준칙은 이런 선택을 어렵게 만들어, 정치가 재정을 즉흥적으로 흔들지 못하게 막아줍니다. 오늘은 "아끼겠다"고 말해놓고, 내일은 표를 의식해 정반대의 결정을 내리는 모순을 줄이기 위한 약속인 셈입니다. 한 번 정해진 규칙이 있으면, 당장의 인기보다 장기적인 나라 살림이 우선되게 됩니다.

한국의 상황을 보면 재정준칙의 필요성은 더 또렷해집니다. 고령화로 연금·의료·복지 지출은 늘어가는데, 세금을 올리자는 말에는 반발이 큽니다. 이 상태에서 분명한 기준이 없다면, 부족한 돈은 결국 빚으로 메우게 됩니다. 그 빚은 시간이 지나 미래 세대의 몫이 됩니다. 재정준칙은 지금 편하자고 미래의 부담을 끝없이 떠넘기지 못하게 막는 최소한의 울타리입니다.

세 번째는 정책 타결 타임리밋입니다. 말 그대로 "정치가 결정을 미뤄도 제도는 멈추지 않게 하는 장치"입니다. 예를 들어 연금 개혁을 논의한다고 해봅시다. 국회가 일정 기간 안에 결론을 내리지 못하면, 법에 따라 자동으로 보험료는 조금 올라가고, 받는 돈은 조금 줄어들도록 미리 정해두는 방식입니다. 정치가 합의를 못 해도 제도는 정해진 시간표에 따라 움직입니다. 알람시계처럼, 시간이 되면 자동으로 울려서 행동을 요구하는 구조입니다. 이 장치의 핵심은 단순히 기한을 정하는 데 있지 않습니다. 정치가 시간을 끌수록 국민의 부담이 커지는 상황을 막기 위해, 제도가 스스로 작동하게 만드는 데 있습니다. 타임리밋은 "정치가 시간을 낭비하는 것"을 줄이기 위한 장치인 셈입니다.

복지의 지속 가능성은 결국 사회의 신뢰에서 나옵니다. 국민이 국가는 약속을 지킬 것이라고 믿을 때, 더 많은 부담도 감내할 마음이 생깁니다. 국가는 그 신뢰를 잃지 않기 위해 책임 있게 재정을 운영해야 합니다. 복지는 약속이고, 약속에는 반드시 책임이 따릅니다. 한국의 복지 체계가 앞으로 어떤 모습으로 자리 잡을지는 이 선택에 달려 있습니다. 복지를 더 키우는 용기보다, 복지를 오래 지킬 책임을 받아들이는 자세가 지금 더 필요합니다.

한국의 미래 시나리오: '프랑스화' 혹은 '독일화'

한국이 앞으로 어떤 길을 걷게 될지는 결국 "우리는 어떤 사회가 되고 싶은가?"라는 질문에 달려 있습니다. 복지를 키우면서도 나라 살림을 지킬 수 있을까, 성장을 추구하면서도 공정을 놓치지 않을 수 있을까. 복지를 둘러싼 선택은 늘 이렇게 서로 부딪히는 목표들 사이에서 균형을 요구합니다.

이 갈림길에서 프랑스와 독일은 전혀 다른 선택을 했습니다. 프랑스는 복지를 '개혁을 미루기 위한 단기 처방'으로 사용했고, 독일은 복지를 '미래 성장을 위한 장기적 합의의 결과'로 받아들였습니다. 같은 위기를 보고도 전혀 다른 해법을 고른 셈입니다.

경제가 흔들릴 때 프랑스는 정치의 논리를 앞세웠습니다. 당장의 고통을 피하려고 지출을 늘려 사회를 달래는 길을 택한 것입니다. 반면 독일은 성장을 우선에 두었습니다. 노사정이 길고 치열하게 합의하며 제도를 고쳐, 사회가 다시 움직이게 만드는 데 집중했습니다. 한쪽은 돈으로 시간을 샀고, 다른 한쪽은 시간을 들여 신뢰를 쌓았습니다. 프랑스는 신용카드로 당장 급한 불을 끈 셈이고, 독일은 생활비 구조를 바꿔 다시 벌 수 있는 힘을 만든 셈입니다. 그 결과도 달랐습니다. 프랑스는 공공 지출이 크게 불어났고, 독일은 비교적 안정적인 수준을 유지했습니다. 같은 유럽 안에서도 한쪽은 빚의 부담을, 다른 한쪽은 성장의 회복을 경험했습니다.

독일이 택한 길의 바탕에는 '질서자유주의'라는 생각이 있습니다. 국가는 시장을 직접 끌고 가기보다, 시장이 제대로 작동하도록 질서를 만들어주는 역할에 집중한다는 발상입니다. 복지도 마찬가지였습니다. 한 직장에서 계속 일하기 어려운 사람에게는 다른 일을 할 수 있는 기회를 열어주고, 그 과정에서 불안을 최소화하는 데 힘을 쏟았습니다. 이게 바로 고용의 유연함과 고용의 안정성을 함께 높이려는 '플렉시큐리티'입니다. 해고가 비교적 쉬운 대신, 직업훈련과 재취업 지원을 강하게 작동시켜 "한 직장의 평생 보장" 대신 "일할 기회의 평생 보장"을 사회적 약속으로 만든 것입니다.

반대로 프랑스는 복지를 '건드릴 수 없는 권리'이자 '보호막'으로 굳혀버렸습니다. 복지는 늘어났지만 노동의 유연성은 줄었고, 청년들은 새 일자리를 찾기 더 어려워졌습니다. 기업이 고용을 망설이자 국가가 그 빈자리를 메우며 공공부문이 커졌습니다. 개혁을 피하려는 정치가 복지 확대를 선택하면서, 재정의 균형은 무너지고 빚만 빠르게 늘어났습니다. 결국 프랑스는 복지를 지키기 위해 성장의 발목을 잡았고, 독일은 성장을 통해 복지를 지탱할 기반을 다졌습니다.

지금 한국이 느끼는 고민은 이 두 나라의 모습이 겹쳐 보입니다. 복지는 분명 필요하지만, 나라 살림의 여유는 점점 줄어들고 있습니다. 중장년층은 "더 많은 복지"를 말하고, 청년층은 "덜 불안한 미래"를 원합니다. 이 간극이 커질수록 연금개혁 같은 어려운 선택은 더 멀어집니다. 한국이 프랑스의 길을 갈지, 독일의 길을 갈지는 결국 정부에 대한 신뢰에 달려 있습니다. 정치는 제도를 바꿀 수 있지만, 신뢰는 사회 전체의 문화 속에서만 쌓입니다. 독일은 세금을 내는 이유를 '책임'으로 받아들였고, 프랑스는 주로 '권리'로 이해했습니다. 한국이 어느 쪽으로 기울지는 아직 정해지지 않았습니다. 다만 분명한 사실 하나는 있습니다. 지금의 선택이 다음 세대의 삶을 결정한다는 점입니다.

역사는 늘 같은 질문을 던집니다.
"우리는 복지를 얼마나 누릴 수 있을까?"
하지만 그보다 더 중요한 질문이 있습니다.
"그 복지를 누리기 위해, 우리는 얼마나 책임질 준비가 되어 있을까?

제도의 문제가 아니라 신뢰와 도덕의 문제

프랑스의 재정 위기를 숫자만으로 설명할 수 있을까요? 세금 제도가 복잡해서일까, 연금 제도가 오래돼서일까. 겉으로 보면 그렇게 보일 수도 있습니다. 하지만 더 깊이 들여다보면, 문제는 제도가 아니라 신뢰였습니다. 세금은 원래 시민과 국가 사이의 보이지 않는 계약과 같습니다. 시민은 "내가 낸 세금을 국가는 제대로 쓸 거야"라고 믿고, 국가는 "이 돈은 결국 모두를 위한 공공의 이익이 될 거야"라고 약속합니다. 그런데 이 믿음이 깨지는 순간, 세금은 공동의 부담이 아니라 "왜 나만 손해를 봐야 하지?"라는 비용으로 느껴지기 시작합니다.

프랑스에서는 바로 이 신뢰의 고리가 끊어졌습니다. 프랑스의 현대사를 보면, 마치 커다란 실험을 반복한 것처럼 보입니다. 정권이 바뀔 때마다 경제를 살리겠다는 처방은 완전히 달라졌습니다. 좌파 정부는 "부자에게 더 걷어 평등을 만들자"며 세금을 올렸고, 우파 정부는 "세금을 깎아 투자를 살리자"며 감세를 선택했습니다. 이론대로라면 어느 한쪽은 성공했어야 하지 않을까요? 그런데 결과는 묘하게 같았습니다. 좌파가 집권하면 세금 부담을 피해 자본이 밖으로 빠져나가 세수의 뿌리가 약해졌고, 우파가 집권하면 세금을 깎아 줄어든 수입을 빚으로 메우는 일이 반복됐습니다. 방법은 정반대였지만, 도착지는 언제나 재정이 커지고 불어났습니다. 이런 실패가 반복되자 시민들 사이에서 질문이 생기기 시작했습니다.

"도대체 내가 세금을 왜 내야 하지?"

이 질문이 쌓일수록 제도는 힘을 잃었습니다. 신뢰가 있을 때 증세는 협력이 되지만, 신뢰가 없을 때 감세조차 갈등이 됩니다. 재정에서 진짜 무서운 건 돈이 부족한 상태가 아니라, 믿음이 부족한 상태입니다. 숫자는 문제를 드러내지만, 신뢰는 문제를 해결합니다. 프랑스의 실패는 "세금을 어떻게 걷느냐"의 문제가 아니라, "세금을 왜 걷느냐"에 대한 답을 잃어버린 데서 시작된 셈입니다.

여기서 경제학자들의 이야기가 떠오릅니다. 아마티아 센은 경제학을 '선택의 학문'이라고 말했습니다. 선택이란 결국 "무엇이 옳은가?"라는 질문에서 출발합니다. 그는 가난을 단순히 돈이 없는 상태가 아니라, 선택할 수 있는 가능성이 닫혀 있는 상태로 봤습니다. 아무리 성장해도 선택의 자유가 없다면, 그 사회는 행복해지기 어렵다는 뜻입니다. 숫자보다 사람을 중심에 두려는 그의 시각은 경제를 단순한 계산이 아니라, 옳고 그름을 따지는 도덕의 공간으로 끌어올립니다.

반면 토마스 피케티는 숫자를 통해 질문을 던집니다. 성장은 있었지만, 그 성과가 정말 모두에게 돌아갔을까? 부의 집중은 민주주의를 어떻게 위협하고, 세대 간 불평등은 왜 굳어지는 걸까? 그에게 세금은 벌칙이 아니라 공동체를 유지하기 위한 약속입니다. 숫자 자체는 거짓말을 하지 않지만, 그 숫자를 해석하는 사람은 얼마든지 왜곡할 수 있습니다. 그래서 경제는 공정함이라는 토대 위에 서 있을 때만 의미를 가집니다.

센은 인간의 자유를 이야기하고, 피케티는 부의 분배를 이야기합니다. 말은 달라 보이지만, 두 사람이 던지는 메시지는 결국 하나로 이어집니다. 경제학의 끝에는 도덕이 있다는 점입니다. 국가의 예산도, 세금도, 부채도 결국 하나의 질문으로 모입니다. 우리는 무엇이 옳다고 믿고 있는 걸까요?

성장을 위한 필수 비용? 부채?!

우리는 언제부터 부채를 '성장을 위한 필수 비용'처럼 받아들이게 됐을까요? 원래 부채는 미래의 돈을 잠시 당겨 쓰는 선택이었습니다. 시험 기간에 일주일 치 공부를 하루에 몰아서 하는 것처럼, 지금 당장 필요한 힘을 미래에서 빌려오는 행위였죠. 처음에는 정말 급할 때만 쓰던 방법이었는데, 어느 순간부터 가장 빠르고 쉬운 성장의 해답처럼 보이기 시작했습니다.
"지금 빌리면, 나중에 갚으면 되지."
이 말은 결단처럼 들리지만, 사실은 책임을 뒤로 미루는 선택에 가깝습니다. 지금의 편안함을 위해 미래의 부담을 넘기는 셈이니까요.

부채가 늘어나도 경제가 커지는 동안에는 문제가 잘 드러나지 않습니다. 자산은 불어나고, 건물은 더 높아지고, 사람들은 '성장하고 있다'는 속도를 몸으로 느낍니다. 하지만 국가 부채에는 보이지 않는 그림자가 따라옵니다. 그 부담을 지는 사람은 언제나 '다음 세대'라는 점입니다. 지금 세대는 쓰지만, 미래 세대는 갚아야 합니다. 부채는 성장을 돕는 도구가 될 수도 있지만, 동시에 부담을 떠넘기는 수단이 될 수도 있습니다. 우리는 부채로 규모를 키웠지만, 그 과정에서 공동체가 지켜야 할 '약속'을 놓치고 있는 건 아닐까요?

우리는 흔히 풍요를 "얼마나 많이 갖고 있는가"로 판단합니다. 더 높은 성장률, 더 큰 예산, 더 많은 소비 말입니다. 하지만 풍요는 숫자로만 채워지는 상태가 아닙니다. 풍요는 신뢰로 유지되는 상태에 가깝습니다. 아무리 멋진 도로와 높은 건물이 있어도, 사람들 사이에 믿음이 없다면 겉만 번지르르한 껍데기에 불과합니다. 신뢰가 사라진 사회에서는 부가 늘어날수록 불안도 함께 커집니다.
"세금은 누가 더 내고 있지?"
"혜택은 누구에게 돌아가고 있지?"
이런 질문이 쌓일수록 사회는 협력의 공간이 아니라 경쟁의 무대로 변합니다.

신뢰가 있는 사회는 다르게 움직입니다. 사람들은 미래를 함께 만들어갈 수 있다고 믿습니다. 세금을 단순한 부담이 아니라, 함께 보태는 기여로 받아들입니다. 재정이 공정하다는 믿음이 있을 때, 세금을 더 내는 일도 협력이 되고, 복지도 약속이 됩니다. 신뢰는 다른 무엇으로도 대신할 수 없는 사회적 자본입니다. 한 번 잃으면 다시 쌓기까지 오랜 시간이 걸립니다. 그래서 풍요는 소유의 문제가 아니라 관계의 문제라고 말할 수 있습니다.

신뢰 없는 풍요가 과연 가능할까요? 아니면 풍요란, 신뢰가 있을 때만 비로소 오래 지속될 수 있는 것일까요?

Bank of Korea(한국은행), 「프랑스 재정불안의 배경」, 2024.

Chaussinand-Nogaret, Guy, 「L'esprit des Lumières et la Révolution française」, Fayard, 1989.

Chaussinand-Nogaret, Guy; Doyle, William, 「The French Nobility in the Eighteenth Century: From Feudalism to Enlightenment」, 케임브리지대 출판부, 1996.

European Commission, 「About Europe 2024-02: France」, 2024.

INSEE, 「Comptes de la protection sociale: Transferts publics par âge (1979－2011)」, Institut National de la Statistique et des Études Économiques, 2013.

IMF, 「Financing Investment in Times of High Public Debt」, 2024.

IMF, 「Fiscal Monitor: Spending Smarter － How Efficient and Well-Allocated Public Spending Can Boost Economic Growth」, 2025.

IMF, 「Two Decades of Walking on a Tightrope」, 2023.

Imbeau, Louis M.; Stapenhurst, Rick, 「Le contrôle parlementaire des finances publiques」, 프레스 드 라발 대학, 2019.

KIPA(한국행정연구원), 「프랑스 복지정책의 사회연대 개념과 실천적 함의」, 2023.

KIPF(한국조세재정연구원), 「프랑스 공공지출의 현안과 시사점」, 2024.

Kaufmann, Stephan; Stützle, Ingo, 「토마 피케티의 21세기 자본주의」, 알렉산더 로카시오 역, 베르소(Verso), 2017.

Kaufmann, Stephen; Stützle, Ingo, 「Thomas Piketty's Capital in the Twenty-First Century」, Verso, 2017.

Miletzki, Janna; Broten, Nick, 「An Analysis of Amartya Sen's Development as Freedom」, 맥앗 인터내셔널, 2017.

OECD, 「OECD Economic Survey: France」, 2024.

OECD, 「Government at a Glance 2025 – France」, 2025.

Piketty, Thomas, 「21세기 자본」, 아서 골드해머 역, 하버드대 출판부, 2014.

Price, Roger, 「An Economic History of Modern France, 1730-1914」, 맥밀런, 1981.

Rosanvallon, Pierre, 「LEtat en France de 1789 à nos jours」, 갈

리마르, 1990.

Rosanvallon, Pierre, 「La légitimité démocratique」, 갈리마르, 2008.

Sargent, Thomas J.; Velde, François R., 「The Big Problem of Small Change」, 프린스턴대 출판부, 2002.

Sen, Amartya, 「자유로서의 발전」, 이철희 역, 알프, 2002.

Smith, Jay M. (ed.), 「The French Nobility in the Eighteenth Century: Reassessments and New Approaches」, 라발 대학, 2019.

프랑스 재정 위기 용어 사전

1. 재정 적자 (Fiscal Deficit)

국가가 걷은 세금보다 더 많은 돈을 쓸 때 생기는 적자이다. 지출이 수입을 넘으면 차액이 빚으로 남아 다음 해로 넘겨지고, 그 누적이 부채가 된다. 단순한 회계 문제가 아니라, "어디에 쓰기로 선택했는가"라는 정치적 결정의 결과다.

2. 국가부채 (Public Debt)

정부가 감당하지 못한 지출을 빚으로 메운 결과이다. 전쟁·복지·경기부양처럼 필요해 보이는 이유가 있었지만, 결국 갚는 주체는 미래 세대다. 국가에 대한 신뢰가 높으면 부채는 감당 가능하지만, 신뢰가 흔들리면 같은 부채도 위기를 낳는다.

3. 국가부채비율 (Debt-to-GDP Ratio)

국가의 부채가 경제 규모에 비해 얼마나 큰지 알려주는 지표이다. 비율이 높을수록 국가 재정의 선택지가 줄어들고, 금리 부담이 커진다. 프랑스는 오랫동안 이 비율을 낮추지 못했다.

4. 국채 (Government Bond)

정부가 돈을 빌리기 위해 발행하는 공식 증서이다. 빌린 만큼 이자를 주어야 하며, 이는 국가의 "신용 점수"를 보여주는 척도다. 1차 세계대전 당시 프랑스는 국채를 '애국심의 상징'으로 신성화했다.

5. 부채의 고착화 (Debt Persistence)

IMF가 정의한 개념으로, 위기가 끝난 뒤에도 부채가 줄지 않고 그대로 남는 현상이다. 위기 대응을 위해 빚을 지고, 그 빚이 다시 새로운 기준이 되어 반복되는 악순환이다.

6. 복지국가 (Welfare State)

국가가 의료·교육·연금 등 국민의 생활을 세금으로 책임지는 체제이다. 프랑스는 전쟁을 겪으며 국가의 역할이 확대되었고, 그 경험이 복지국가의 기초가 되었다.

7. 사회적 연대 (Social Solidarity)

모두가 세금을 내고, 모두가 복지를 받는다는 원칙이다. 프랑스 복지국가의 도덕적 기반이지만, 노인·청년 간 부담이 불균형해지면서 연대의 힘이 약해지고 있다.

8. 재정 팽창주의 (Fiscal Expansionism)

경기 침체 때 정부가 지출을 크게 늘려 경제를 살리려는 정책이다. 단기적으로는 효과가 있지만 장기적으로는 부채를 고착시키며, 지출 축소가 쉽지 않다는 문제가 있다.

9. 재정 긴축 (Fiscal Austerity)

부채를 줄이기 위해 정부가 지출을 줄이고 세금을 늘리는 정책이다. IMF나 EU가 여러 차례 요구했지만, 프랑스에서는 국민의 강한 반발로 쉽게 실행되지 못했다.

10. 포퓰리즘 (Populism)

대중의 인기에 기반한 단기적이고 감정적인 정책을 내세우는 정치 방식이다. 선거 때마다 감세·보조금이 반복되면서 재정의 안정성이 흔들렸다.

11. 마스트리히트 조약 (Maastricht Treaty, 1992)

유럽연합 회원국이 지켜야 할 재정 기준을 정한 조약이다.
- 재정 적자: GDP의 3% 이하 / 국가부채: GDP의 60% 이하
프랑스는 이를 여러 차례 어기며 '프랑스 예외주의'를 주장했다.

12. '세금징수 청부업자' 제도 (Tax Farming System)

왕정 시대 프랑스에서 세금 징수권을 민간에게 팔던 제도이다. 세리(과세 계약자)는 국민에게 과도한 세금을 부과했고, 남은 이익은 자기 몫으로 가져갔다. 이 불공정한 제도는 프랑스 혁명의 불씨가 되었다.

13. 아시냐 (Assignat)

1790년 혁명 정부가 교회 토지를 담보로 발행한 종이화폐이다. "국가의 약속"을 믿고 시작되었지만, 과도한 발행으로 가치가 폭락해 휴지가 되었다. 신뢰 없는 화폐가 얼마나 위험한지를 보여주는 사례다.

14. 총력전 (Total War)

전쟁을 위해 군대뿐 아니라 국민 전체와 국가 시스템이 동원되는 상태이다. 행정·산업·가정까지 모두 정부 통제 아래 놓이며, 이를 계기로 국가가 개인의 삶에 깊게 개입하는 구조가 자리 잡았다.

15. 신용의 제도화 (Institutionalization of Credit)

금융을 왕의 명령이 아닌 법과 제도로 관리하는 방식으로 바꾼 과정이다. 절대왕정에서 공화국으로 바뀌면서 신용은 개인이 아닌 기관·제도에 기반하게 되었다. 그러나 제도가 흔들리면 신뢰는 다시 감정의 영역으로 돌아간다.

16. 루르 점령 (Occupation of the Ruhr, 1923)

독일이 전쟁 배상금을 내지 않자 프랑스가 루르 지역(석탄·철 강 중심지)을 군사적으로 점령한 사건이다. 생산물을 가져와 부채를 메우려 했지만 경제 회복은커녕 프랑스 통화의 신뢰만 흔들렸다.

17. 관료국가 (Administrative State)

행정조직이 사회 전반을 촘촘히 통제하는 국가 형태이다. 총력전으로 강화된 구조이며, 보호와 통제를 동시에 낳는다. 프랑스의 공공부문 비대화 문제는 이 구조의 연장선에 있다.

18. 신뢰의 경제학 (Economics of Trust)

경제가 단순한 숫자 계산이 아니라 "신뢰" 위에서 작동한다는 개념이다. 신뢰가 높을 때 부채는 관리되지만, 신뢰가 무너지면 같은 숫자라도 재정 위기로 이어진다. 프랑스 재정 문제의 핵심은 결국 '신뢰의 붕괴'였다.

19. 잠재성장률 (Potential Growth Rate)

경제가 과열되지 않고 달성할 수 있는 최대 성장률이다. 프랑

스의 잠재성장률이 1%대로 떨어지면서, 부채를 갚고 복지를 유지
할 수 있는 힘이 약해졌다.

20. 고정지출 (Mandatory Spending)

정부가 마음대로 줄일 수 없는 지출이다. 연금·의료비처럼 구
조적으로 계속 증가하는 항목이 많아, 프랑스 재정은 점점 "움직일
수 있는 공간"이 좁아졌다.

21. 연금개혁 (Pension Reform)

프랑스 정치 최대 난제로, 평균수명이 늘면서 연금 재정이 지
속 가능하지 않게 되자 개혁이 필수가 되었다. 그러나 개혁 시도는
매번 대규모 시위에 부딪혀 좌절되었다.

22. 생산성 (Productivity)

같은 시간·노동으로 얼마나 많은 가치를 만들어내는지를 보여
주는 지표이다. 프랑스는 생산성 정체 때문에 성장 여력이 줄고 세
수 기반도 약해졌다.

23. 청년 실업률 (Youth Unemployment)

프랑스 청년층 실업률은 20% 안팎으로, 복지·노동시장 경직성
과 연결되는 구조적 문제다. 재정·고용·사회 안정성과 직결된 개

넘이다.

24. 마스트리히트 재정 기준 (Maastricht fiscal criteria)

유럽연합 국가들이 재정을 무분별하게 쓰지 않기 위해 정한 공동 규칙으로, 재정 적자는 GDP의 3% 이하, 국가부채는 60% 이하로 제한한다는 공동 규칙이다. 정치적 이유로 빚을 늘리는 것을 막고, 국가 간 신뢰와 통화 안정을 지키기 위한 최소한의 안전장치다.

25. 부의 낙수효과 (Trickle-down effect)

부유층과 기업의 성장이 투자와 고용을 통해 자연스럽게 서민에게까지 확산된다는 경제 논리다. 현실에서는 부가 부유층에 머무는 경우가 많아, 정책 설계 없이는 효과가 제한적이라는 비판을 받는다.

프랑스는 왜 많은 빚을 지게 되었을까?

초판 1쇄 발행 2026년 2월 25일

지은이 유세종 황준식
펴낸곳 글라이더
펴낸이 박정화

편집 이고운 **표지 디자인** 김승수
본문 디자인 디자인뷰 **마케팅** 임호

등록 2012년 3월 28일 (제2012-000066호)
주소 경기도 고양시 덕양구 화중로 130번길 32 파스텔프라자 405호
전화 070) 4685-5799 **팩스** 0303) 0949-5799
이메일 gliderbooks@hanmail.net
블로그 https://blog.naver.com/gliderbook
ISBN 979-11-7041-182-6 (03330)